Paul Eugen Schiller   Der anthroposophische Schulungsweg

Der anthroposophische Schulungsweg

Ein Überblick

Paul Eugen Schiller

Philosophisch-Anthroposophischer Verlag
Goetheanum Dornach/Schweiz

Einbandgestaltung Walther Roggenkamp

©

Copyright 1979 Philosophisch-Anthroposophischer Verlag, Goetheanum, Dornach/Schweiz. – Alle Rechte, auch die des auszugsweisen Nachdrucks und der photomechanischen Wiedergabe, vorbehalten.

Werner Druck AG, Basel

ISBN 3–7235-0272-5

Inhalt

Einleitung	7
Die Erziehung zum Geist-Erkennen	11
Der Aufbau des anthroposophischen Schulungsweges	29
Die Vorbereitung:	34
Studium der Geisteswissenschaft	35
Grundstimmungen	38
Ausbildung der «Sechs Eigenschaften»	40
Die Pflege des Denkens, Fühlens und Wollens	45
Die Kontrolle des Denkens, Fühlens und Wollens	52
Sinnlichkeitsfreies Denken, Fühlen und Wollen	55
Die Schulung:	60
Bedingungen und Gefahren	61
Meditationen: Allgemeine Anweisungen	64
Ausgestalten von Bildern	67
Ausbilden höherer Organe	73
Leibfreies Seelenleben	80
Das Überschreiten der Schwelle:	83
Die Einweihung	86
Der christliche Einweihungsweg	88
Der rosenkreuzerische Einweihungsweg	91
Der Einweihungsweg der Gegenwart	97
Die Geistes-Wissenschaft:	102
Die imaginative Erkenntnisstufe	109
Die inspirierte Erkenntnisstufe	123
Die intuitive Erkenntnisstufe	133
Quellenverzeichnis	148

Einleitung

Es sei vorausgeschickt, dass die folgende Überschau nur *eine* der möglichen Zusammenfassungen der von Rudolf Steiner gegebenen Darstellungen des anthroposophischen Schulungsweges sein kann. Ein solcher Überblick ist notwendig, denn der Mensch unserer Zeit muss jeden Schritt dieses Weges voll bewusst und in Freiheit durchführen können. In diesem Sinne mahnt Rudolf Steiner, «die Seelenwege, von denen die Rede ist, in möglichst genauer Charakterisierung ins Auge zu fassen»[1].

Eine umfassende Übersicht ist aber nur zu gewinnen, wenn neben den frühen, grundlegenden Darstellungen Rudolf Steiners auch seine späteren Schilderungen, insbesondere jene der Jahre 1920 bis 1925, einbezogen werden. Diese konnten von ihm erst nach jahrelanger Erziehungsarbeit – seine Leser und Hörer mussten darauf vorbereitet werden – Stufe um Stufe gegeben werden. Das Vorliegende kann selbstverständlich nur ein Hinweis auf die entsprechenden Ausführungen Rudolf Steiners sein. Es darf diese niemals ersetzen, da ein gründliches Erarbeiten unbedingt notwendig ist.

Ein ausführliches, wenn auch nicht vollständiges Quellenverzeichnis ist angefügt, denn das, was die verwendeten Zitate andeuten, muss in dem jeweiligen Zusammenhang studiert werden. Die verhältnismässig grosse Anzahl solcher Zitate ist darin begründet, dass es bei der Schilderung geistiger Tatsachen und Vorgänge so oft auf genaue Satzbildung und sachgemässe Wahl der Worte ankommt. Würde der Verfasser dieses Überblickes der flüssigen Darstellung wegen eigene Formulierungen und Bezeichnungen wählen, so könnten vielfältige Gefahren auftreten. Manche Schilderungen und manche Zitate werden mehrmals verwendet. Dies schien notwendig, damit über gewisse Entwicklungsbereiche, insbesondere über die höheren Erkenntnisstufen: Imagination, Inspiration und Intuition zusammenhängend berichtet werden konnte. Oft ist es auch wichtig, ein bereits Gesagtes unter einem neuen Gesichtspunkt noch einmal anzuführen.

Die genaue Kenntnis des *ganzen* Schulungsweges ist für denjenigen unerlässlich, der durch Entwicklung und Umwandlung seines seelisch-geistigen Organismus zur Erkenntnis der höheren Welten vorschreiten will. Rudolf Steiner macht immer wieder darauf aufmerksam, dass in seinen Schriften dieser Weg so geschildert ist, dass er für jeden Menschen Gültigkeit hat. Doch: «Es gibt keine Entwickelung an sich, keine Entwickelung im allgemeinen; es gibt nur Entwikkelung des einen oder des anderen oder des dritten, des vierten oder des tausendsten Menschen[2].» Der einzelne muss deshalb, den Gegebenheiten seiner Individualität gemäss, die konkrete Gestaltung seiner Entwicklungsschritte, also die Wahl und Dauer seiner Übungen und Meditationen, selber festlegen. Durch aufmerksame, innere Selbstbeobachtung und Beurteilung ist ihm dies auf der Grundlage der von Rudolf Steiner gegebenen, ausführlichen Anweisungen und Ratschläge durchaus möglich.

Die Kenntnis des anthroposophischen Schulungsweges, seines Aufbaues und seines Zieles, ist aber auch für denjenigen Menschen wichtig, der sich noch nicht aufgerufen fühlt, einen solchen Weg selber zu beschreiten. Gegenwärtig werden mancherlei Methoden für eine innere Belebung und Stärkung der menschlichen Seele angepriesen. So ist es notwendig, dass dem Menschen unserer Zeit klar durchschaubare und vollständige Informationen zur Grundlage seiner Urteilsbildung gegeben werden. Das folgende will in bezug auf den von Rudolf Steiner ausgearbeiteten Schulungsweg solche Urteilsgrundlagen vermitteln.

Auf zwei besondere Kennzeichen dieses Weges sei noch hingewiesen: Der Schüler wird immer wieder aufgefordert, die gegebenen Anweisungen und Regeln nicht auf blinden Glauben hin entgegenzunehmen. Er soll sich *vor* ihrer Anwendung eine klare Einsicht in ihren Inhalt und in ihre Auswirkung erarbeiten. Dies kann durchaus mit den Mitteln seines gesunden Menschenverstandes geschehen. Des Weiteren soll der Schüler sich bewusst sein, dass die Übungen und Meditationen sich in erster Linie auf das Seelisch-Geistige des Menschen beziehen. Sie sind ganz unabhängig von äusseren Verrichtungen und äusseren Einflüssen durchzuführen. Die Verwendung bestimmter Körperstellungen oder gar die Zuhilfenahme gewisser Stofflichkeiten ist zu vermeiden; durch diese würde die seelisch-geistige Stärkung und Entwicklung gefährdet und die Freiheit des Schülers könnte nicht gewahrt werden.

Dem letzten Kapitel «Die Geistes-Wissenschaft» wurde viel Raum gegeben. Selbstverständlich soll der anthroposophische Schulungsweg zu einer Stärkung und Vertiefung der Seelenkräfte und zu einem geistbegründeten Handeln des individuellen Menschen hinführen. Von der allergrössten Bedeutung für die künftige Entwicklung der Menschheit ist jedoch die Ausbildung einer den Bereich des Übersinnlichen, des Geistig-Schöpferischen umfassenden, gesicherten *Erkenntnis,* also einer *Geistes-Wissenschaft.*

In der Vergangenheit war durch die Kraft des Glaubens dem Menschen eine reale Verbindung mit der göttlich-schöpferischen Welt gegeben. Durch diese Verbindung strömten starke Lebensimpulse und eine Führung im Schicksalsgeschehen in die Menschenseele ein. In der Gegenwart erleben mehr und mehr Menschen das Abklingen dieser Glaubensverbindung. Ihr Leben und ihr Erkennen muss sich immer ausschliesslicher auf die Gegebenheiten der sinnlich-physischen Welt stützen. Für die in jeder Menschenseele schlummernden Fragen nach dem Ursprung, der Entwicklung und dem Ziel des eigenen Wesens können keine Antworten mehr gefunden werden. Nur eine neue, konkrete Verbindung mit den höheren, geistig-göttlichen Welten vermag den durch dieses Abklingen auftretenden Gefahren zu begegnen und den Fortgang einer wahrhaft menschlichen Kultur zu sichern. Die neue Verbindung muss aber, der Entwicklung der Menschheit entsprechend, auf der Grundlage einer voll bewussten und exakten Beobachtung und Erforschung des Seelisch-Geistigen im Menschen und in der Welt ausgebildet sein. Es ist das Ziel der anthroposophischen Geistes-Wissenschaft, eine solche Erkenntnis zu pflegen und mit ihr geisterfüllte Impulse für das menschliche Leben und Handeln zu geben.

Diese Zusammenfassung soll einen Einblick in den Aufbau und in die Ziele des anthroposophischen Schulungsweges vermitteln. Ein solcher Einblick kann ein *Verständnis* der Bedeutung der angegebenen Übungen und Meditationen, ihrer Aufeinanderfolge und ihrer Auswirkungen bringen. Dies ist aber nur die Voraussetzung für die eigentlich zu leistende Arbeit: die geduldige und ausdauernde *Durchführung* der gegebenen Anweisungen. Sie allein kann zu der Entfaltung einer höheren Erkenntnis führen.

Die Erziehung zum Geist-Erkennen

Rudolf Steiner hat während seines ganzen Erdenwirkens, insbesonders seit der Jahrhundertwende, an der Ausgestaltung eines Schulungsweges gearbeitet, der dem gegenwärtigen und dem zukünftigen Menschen eine voll bewusste, wissenschaftlich begründete Erkenntnis der seelisch-geistigen Welten und Wesenheiten ermöglicht. Er selbst erlebte seit seiner Jugend «ein vollkommenes Drinnenstehen in der Geistwelt». Seine Lebensaufgabe musste ihn jedoch über das eigene, persönliche Geist-Erleben hinaus zu einer gesicherten Geistes-Wissenschaft führen. «Der Wille, das Esoterische, das in mir lebte, zur öffentlichen Darstellung zu bringen, drängte mich dazu, zum 28. August 1899, als zu Goethes hundertfünfzigsten Geburtstag, im ‹Magazin› einen Aufsatz über Goethes Märchen von der ‹grünen Schlange und der schönen Lilie› unter dem Titel ‹Goethes geheime Offenbarung› zu schreiben. – Dieser Aufsatz ist ja allerdings noch wenig esoterisch. Aber mehr, als ich gab, konnte ich meinem Publikum nicht zumuten[3]».

Vorträge, welche Rudolf Steiner vor einem an geisteswissenschaftlichen Fragen interessierten Publikum in Berlin gehalten hatte, führten 1901 und 1902 zu den beiden Veröffentlichungen *Die Mystik im Aufgange des neuzeitlichen Geisteslebens und ihr Verhältnis zur modernen Weltanschauung*[4] und *Das Christentum als mystische Tatsache und die Mysterien des Altertums*[5]. In der ersten Schrift wird einleitend das Wesen des menschlichen Erkennens geschildert und dargestellt, wie ein bewusstes, wahrhaftes Selbsterleben in neuer Art in jene Welten führt, welche in alten Zeiten von strebenden Menschen in gefühlsmässig-mystischem Erleben gesucht wurden. Im *Christentum als mystische Tatsache* wird gezeigt, dass das Wesen des Christus-Impulses und dessen zentrale Stellung in der ganzen Menschheitsentwicklung nur durch Erkenntnismittel, welche im geistigen Leben selbst begründet sind, erarbeitet werden kann.

Im Frühjahr 1904 erscheint das Buch *Theosophie. Einführung in übersinnliche Welterkenntnis und Menschenbestimmung*[6]. Vom Aufbau dieses Buches schreibt Rudolf Steiner später, dass alles, was darin gesagt wird, in geistigem Schauen begründet ist[3]. Im Kapitel «Das Wesen des Menschen» sei streng an die Tatbestände der Sinneswissenschaft angeknüpft; das geistige Schauen findet seinen Ausdruck in wirklichkeitserfüllten naturwissenschaftlichen Ideen. Beim Kapitel «Wiederverkörperung des Geistes und Schicksal» müsse darüber hinaus vom Leser verlangt werden, dass er eine intimere Beobachtung der Lebensvorgänge entwickle und solche Ideen ausbilde, welche den Gestaltungsimpulsen des Menschenlebens gemäss sind. Das Kapitel «Die drei Welten» erfordere noch Höheres. Ein umgewandeltes, erkraftetes Seelenleben und ein leibfrei gewordenes Ideenvermögen ist auszubilden. Allein damit ist die Voraussetzung gegeben für das Erkennen der Tatbestände und Geschehnisse der seelischen und der geistigen Welt und deren Verbindung mit der physischen Welt. Dann folgt das Schlusskapitel «Der Pfad der Erkenntnis». Zu Anfang wird nachdrücklich betont, dass derjenige, der höhere Erkenntnisfähigkeiten ausbilden will, sich in ernster Weise einer vertieften Gedankenarbeit hingeben muss. Es folgt eine kurze, streng durchgeführte Darstellung der Höherentwicklung des Denkens, Fühlens und Wollens. Durch diese Entwicklung wandeln sich die Seelenfähigkeiten in neue seelisch-geistige Wahrnehmungs- und Erkenntnis-Organe um. Der Mensch kann ein «Teilnehmer der Geist-Welt» werden.

Dieses Buch stellt hohe Anforderungen an das Vermögen, in Ideenform die Wirklichkeit der leiblichen, der seelischen und der geistigen Welt zu erfassen. Obschon Rudolf Steiner in seinen erkenntniswissenschaftlichen Schriften, vor allem in seiner *Philosophie der Freiheit*[7], wie auch in den *Grundlinien einer Erkenntnistheorie der Goetheschen Weltanschauung*[8] und in *Wahrheit und Wissenschaft*[9] die Wege zur Ausbildung solcher Ideen geschildert hatte, war am Beginne des 20. Jahrhunderts zu einer solchen Erkraftung des Denkens wenig Neigung vorhanden. Mit dem Erscheinen der *Theosophie* war aber an die kulturell führenden Kräfte die schicksalsentscheidende

Frage gestellt: Werden genügend Menschen bereit sein, sich in der geschilderten, wissenschaftlich begründeten Weise einen realen Zugang zu der rein seelisch-geistigen Welt zu erarbeiten? Dem war nicht so. Die damaligen Vertreter des wissenschaftlichen Lebens waren nicht bereit, die hier in ihren Grundlagen vorgelegte Geistes-Wissenschaft aufzugreifen. (Eine spätere Geschichtsbetrachtung wird zeigen, dass in diesem Versagen eine der hauptsächlichsten Ursachen für die tragischen Geschehnisse des 20. Jahrhunderts liegt.)

Auch von jenen Menschen, bei welchen Rudolf Steiner Interesse für seine Schilderungen über die Mystik und die Mysterien des Altertums gefunden hatte, vermochten damals nur wenige den auf strengem Denken aufgebauten Schulungsweg zu beschreiten. Es musste deshalb zunächst einmal eine anders aufgebaute Darstellung des «Pfades der Erkenntnis» gegeben werden. 1904 und 1905 veröffentlichte Rudolf Steiner in der Zeitschrift *Luzifer-Gnosis* sechzehn Aufsätze, welche später unter dem Titel *Wie erlangt man Erkenntnisse der höheren Welten?* als Buch erschienen sind[1]. Darin werden als erstes die Grundstimmungen geschildert, die ein Geistesschüler in sich aufrufen muss, wenn er den Weg zu den höheren Welten beschreiten will. Auf die neu zu entwickelnden Eigenschaften, vor allem auf die nunmehr geforderte vertiefte Verantwortlichkeit im inneren und äusseren Handeln wird hingewiesen. Einfache, vorbereitende Übungen, die sich auf die Pflege und Kontrolle des Denkens, Fühlens und Wollens beziehen, werden angegeben. Die Stufen der Einweihung und die damit verbundenen Prüfungen sind kurz dargestellt.

Die zweite Hälfte des Buches beginnt mit dem Kapitel «Die Bedingungen zur Geheimschulung». In ernsten Worten wird dem Schüler zur Kenntnis gebracht, dass eine Geistesschulung nur dann in der rechten Weise durchgeführt werden kann, wenn er seine Lebensauffassung und seine Lebenshaltung auf eine höhere Stufe zu heben vermag. Er kann nicht als ein bloss «Wissender» in die geistige Welt eintreten, er muss dies als ganzer Mensch tun. Es folgt eine ausführliche Darstellung der für die Ausbildung der neuen Wahrnehmungsorgane notwendigen Übungen und Meditationen. An diese Entwicklung, die sich vor allem im astralischen Leibe des Menschen vollzieht, muss sich eine weitere, im ätherischen Leibe hervorzurufende, anschliessen. Durch sie wird auf einer ersten Stufe die *Erkenntnis* des bis jetzt übersinnlich Wahrgenommenen möglich. Mit ihr betritt der Mensch die eigentliche geistige Welt.

Den Abschluss des Buches bilden ausführliche Schilderungen der Veränderungen, welche durch eine solche Schulung im seelisch-geistigen Wesen des Menschen eintreten. Die ersten Geist-Begegnungen werden beschrieben, die sich nach dem Überschreiten der Schwelle zur geistigen Welt einstellen. – Die sechzehn, dem Buch *Wie erlangt man Erkenntnisse*... zugrunde liegenden Aufsätze hat Rudolf Steiner durch fünf weitere ergänzt. Diese sind später unter dem Titel: *Die Stufen der höheren Erkenntnis*[10] neu gedruckt worden. Diese Schrift enthält die erste Fassung einer «Erkenntnislehre der Geheimwissenschaft». Unter Bezugnahme auf das Sinneswahrnehmen, die lebendige Bildgestaltung, das erhöhte Begriffsvermögen und den Wesenskern «Ich» wird auf die vierfache Verbindung des Menschen zu seiner Umwelt hingewiesen und neben der gewöhnlichen «materiellen» Erkenntnis eine erste Schilderung der imaginativen, der inspirierten und der intuitiven Erkenntnisstufe gegeben.

Rudolf Steiner hat auf das Buch *Wie erlangt man Erkenntnisse*... immer wieder als auf eine erste grundlegende Darstellung des Schulungsweges hingewiesen. Darin seien «erste Andeutungen», sozusagen die «ersten Anfänge» zu demjenigen gegeben, was dann «in die höchsten Regionen der Initiation» hinaufführen kann[11]. Oft macht er darauf aufmerksam, dass zu Anfang in einer öffentlichen Schrift vieles nur zum Teil beschrieben werden konnte, weil damals die seelisch-geistige Organisation so vieler Menschen eine okkulte Entwicklung noch nicht erlaubte. Es wäre, so sagt er einmal, «geradezu töricht gewesen... an mehr zu denken als an ein leises Hinweisen auf dasjenige, was sich später realisieren sollte»[12]. Erst durch die fortschreitende Arbeit konnten in den nachfolgenden Jahren die notwendigen Ergänzungen und Erweiterungen gegeben werden.

Der Leser von *Wie erlangt man Erkenntnisse ...*, dem bereits einiges aus dem Lebenswerk Rudolf Steiners bekannt ist, mag erstaunt sein, in diesem Buch manches nicht zu finden, was sonst in diesem Werk als besonders bedeutungsvoll hervortritt. So findet sich zum Beispiel noch kein Hinweis auf die erkenntniswissenschaftlichen Arbeiten Rudolf Steiners, welche doch von entscheidender Bedeutung für den Aufbau und für die Arbeitsmethode des geschilderten Schulungsweges sind. Obschon der Christus-Impuls in der ganzen Gestaltung desselben bestimmend wirksam ist, wird der Name «Christus» nicht erwähnt. Auch sind die Benennungen der höheren Erkenntnisstufen: Imagination, Inspiration und Intuition noch nicht eingeführt. Dies geschieht erst in der nachfolgenden Schrift *Die Stufen der höheren Erkenntnis*.

Bevor die notwendigen Ergänzungen und Erweiterungen gegeben werden konnten, hatte Rudolf Steiner an seinen Lesern und Hörern eine gewaltige Erziehungsarbeit durchzuführen. Wie er später einmal schilderte, musste für seine Hörer zuerst «das Christentum erobert werden», denn es bestand zu Beginn des Jahrhunderts eine ganz ausgesprochene antichristliche Orientierung[13]. In vielen Vorträgen waren zudem auf Grund seiner neuen geisteswissenschaftlichen Forschungen die tiefen Wahrheiten der Evangelien und das Wesen des Christus-Impulses darzustellen. – Da diejenigen, welche sich damals um eine Erkenntnis der geistigen Entwicklung der Menschheit bemühten, fast ausschliesslich über die östlichen Schulungswege und Mysterienstätten orientiert worden waren, musste er aufzeigen, dass auch christliche Einweihungswege bestanden haben und dass, dem Fortschreiten der Entwicklung entsprechend, seit Jahrhunderten ein abendländischer, rosenkreuzerischer Schulungsweg gepflegt worden ist. – Rudolf Steiner musste auch eine «Eroberung des Denkens» für die damaligen Hörer durchführen. In geduldiger Arbeit zeigte er, hinweisend auf seine erkenntnistheoretischen Schriften, «dass der Vorgang des reinen Denkens selbst schon sich als die erste Stufe derjenigen Vorgänge erweist, durch welche übersinnliche Erkenntnisse erlangt werden»[14d].

Als Folge dieser Erziehungsarbeit konnten die Erkenntnisse vom Wesen des Christus-Impulses und des Mysteriums von Golgatha, wie auch die Erkenntnis von der Bedeutung des Denkens für eine höhere Entwicklung in die weitere Darstellung des Schulungsweges einbezogen werden. Damit war es möglich, in der 1909 erscheinenden *Geheimwissenschaft im Umriss* das Kapitel «Die Erkenntnis der höheren Welten – Von der Einweihung oder Initiation»[15] in neuer Art zu gestalten.

Die Arbeit mit den in *Wie erlangt man Erkenntnisse...* geschilderten Übungen und Meditationen ist vorausgesetzt. Zu Beginn des genannten Kapitels wird ausdrücklich darauf aufmerksam gemacht, dass die gegebenen Anweisungen *nicht* auf blinden Glauben hin aufgenommen werden sollen: «Ein solcher sollte auf diesem Gebiete ganz ausgeschlossen sein.» Der Schüler ist aufgefordert, sich *vor* dem Beginn einer Übung eine klare Einsicht in die Wirkungsweise derselben und über die mit ihr angestrebte Entwicklung zu erarbeiten[15]. Werden die Anweisungen zur Schulung in dieser Art entgegengenommen, so ist die innere Freiheit des Geistesschülers gewahrt; er ist aber auch aufgerufen, alle Schulungsschritte in voller Bewusstheit durchzuführen. – Nach der einleitenden Besprechung einiger für die Schulung grundlegender Fragen folgt zunächst eine ausführliche Darstellung der Ausbildung der *imaginativen* Erkenntnisstufe.

In *Wie erlangt man Erkenntnisse...* erwähnt Rudolf Steiner die in den früheren okkulten Schulen vielfach verwendete, sinnbildliche Zeichensprache nur ganz kurz und weist darauf hin, dass in unserer Zeit der Geistesschüler mit solchen Sinnbildern erst nach bestimmten Vorarbeiten und eigenen Erfahrungen bekannt gemacht werden soll. In alten Zeiten war es berechtigt, dem Schüler ohne jede Erklärung solche Sinnbilder und Symbole als Inhalt seiner Meditationen zu übergeben, denn sein Ätherleib hatte noch Kräfte in sich, die, durch das vertiefte Erleben des Symbols, eine Verwandlung der seelisch-geistigen Organisation hervorrufen konnten. Heute wären aber mit der unmittelbaren Verwendung solcher Symbole ernste Gefahren verbunden[16,17]. Rudolf Steiner führt deshalb eine neue, dem modernen Menschen gemässe Art des Arbeitens mit sinnbildlichen und symbolischen Bildern ein. Der Geistesschüler unserer Zeit muss das symbolische Bild durch freien Willensentschluss selbständig und voll bewusst in seiner Seele aufbauen, *bevor* er es zum Inhalt seiner Meditation macht. Am Beispiel des Rosenkreuz-Sinnbildes wird dies in Einzelheiten aufgezeigt. (Darüber soll später ausführlich berichtet werden.) Durch das vielfach wiederholte Aufbauen und Meditieren solcher Sinnbilder entfalten sich in der Seele die neuen Fähigkeiten, welche zur imaginativen Erkenntnis erforderlich sind.

Ein Weiteres kann neu in die Schulungsarbeit eingefügt werden. In *Wie erlangt man Erkenntnisse* ... wurde nur kurz darauf hingewiesen, dass es wichtig ist, das Denken frei und unabhängig von den sinnlichen Eindrücken und Erfahrungen zu machen. In der *Geheimwissenschaft* wird nun nachdrücklich betont: «Die innere Gediegenheit der imaginativen Erkenntnisstufe wird dadurch erreicht, dass die dargestellten seelischen Versenkungen (Meditationen) unterstützt werden von dem, was man die Gewöhnung an ‹sinnlichkeitsfreies Denken› nennen kann[15].». Auf zwei Wegen, so führt Rudolf Steiner aus, kann dieses neue Denken entwickelt werden. Einmal durch ein gründlich durchgeführtes Erarbeiten der von der Geistesforschung mitgeteilten Tatsachen der höheren Welt. Dadurch betätigt sich das Denken an rein seelischen und rein geistigen Inhalten und wird so zu einem sinnlichkeitsfreien Denken. Der andere Weg, «welcher sicherer und vor allem genauer, dafür aber für viele Menschen schwieriger ist», wird in den oben erwähnten erkenntniswissenschaftlichen Schriften gegeben. Darin ist gezeigt, wie ein «reines Denken» auszubilden ist. Ein solches erhebt sich über die sinnliche Beobachtung und lässt den Schüler «ein Gefühl gegenüber der höheren Welt erringen, das für alle Folgezeit ihm die schönsten Früchte tragen wird»[15].

Anschliessend werden neue Anweisungen für die Entfaltung der übersinnlichen Wahrnehmungsorgane, welche für imaginatives Erleben notwendig sind, gegeben. Die besonderen Eigenschaften dieser Organe und deren Zuordnungen zu bestimmten Geistbereichen werden aufgezeigt. Es wird darauf aufmerksam gemacht, dass solche Organe selbstverständlich nicht im Bereich der physisch-sinnlichen Substanzen, sondern nur im rein Seelischen, innerhalb des astralischen Leibes, ausgebildet werden können. Diese Seelen- und Geist-Organe bestehen, so schildert Rudolf Steiner, aus entsprechend gestalteten Seelen-Betätigungen, also aus *Tätigkeiten,* und sie bestehen nur insoferne und so lange, als diese Tätigkeiten ausgeübt werden.

Hat der Geistesschüler gelernt, diese Organe in der rechten Weise zu gebrauchen, so erlebt er imaginative Bilder. Rudolf Steiner weist in der *Geheimwissenschaft im Umriss* nur ganz kurz darauf hin, dass diese Bilder als *Hinweise* auf rein seelisch-geistige Tatbestände aufzufassen sind. Später erst stellt er ausführlich das Verhältnis dar, welches zwischen dem einer Imagination zugrunde liegenden reinen Geisterlebnis und dem zum Aufbau des imaginativen Bildes führenden Neben-Erlebnis besteht (siehe Seite 112).

Die über das imaginative Erleben hinausführende Erkenntnis der übersinnlichen Welten fordert ein Aufsteigen zu noch höheren Stufen. Die *inspirierte* Erkenntnis ermöglicht das «Lesen» der imaginativen Bilderschrift. Sie führt zum Erfassen der inneren Eigenschaften der geistig-schöpferischen Wesenheiten und der Beziehungen zwischen diesen. Die für den gegenwärtigen Menschen höchste Erkenntnisstufe ist die *intuitive* Erkenntnis. Durch sie vermag der Mensch in die Wesenheiten selbst einzutauchen. Vorerst nur andeutend, werden einige der für diese Stufen notwendigen Übungen und Meditationen geschildert. Neue Einzelheiten des Schulungsweges konnten von Rudolf Steiner erst aufgezeigt werden, nachdem er seine Leser und Hörer mit weiteren Gebieten der höheren Welten vertraut gemacht hatte.

Im letzten Teil des Kapitels «Die Erkenntnis der höheren Welten» werden die schon in *Wie erlangt man Erkenntnisse...* behandelten Veränderungen, welche sich im Seelenleben und in der Persönlichkeit des Geistesschülers als Folge der Schulung ergeben, neu und vertieft dargestellt. – Am Schluss des Kapitels finden sich Sätze, welche zeigen, dass Rudolf Steiner es als seine Aufgabe betrachtete, den anthroposophischen Schulungsweg ganz in die Erfordernisse und Lebensverhältnisse des modernen Menschen hineinzustellen: «Der hier beschriebene Weg zur höheren Erkenntnis ist nun ein solcher, welcher für Seelen tauglich ist, welche in der unmittelbaren Gegenwart sich verkörpern. Er ist so, dass er den Ausgangspunkt der geistigen Entwicklung da ansetzt, wo der Mensch in der Gegenwart steht, wenn er in irgendwelchen durch diese Gegenwart ihm gegebenen Lebensverhältnissen sich befindet[15].»

In den Jahren 1912 und 1913 veröffentlichte Rudolf Steiner die beiden Schriften *Ein Weg zur Selbsterkenntnis des Menschen*[18] und *Die Schwelle der geistigen Welt*[20]. Er bezeichnet deren Inhalt als Ergänzung und Erweiterung zu dem früher Gegebenen. – In bezug auf die erste Schrift sagt er in der Einleitung, dass sie vor allem die Erlebnisse schildere, welche sich durch die Schulung in der Seele des Geistesschülers einstellen. Die Darstellung dieser Seelenerlebnisse folgt ganz der Neuorientierung, die in der *Geheimwissenschaft* begonnen wurde. In einem 1918 hinzugefügten Nachwort wird besonders betont, dass die geschilderten übersinnlichen Erlebnisse nicht durch Abdämpfung des gewöhnlichen Bewusstseins, also unterhalb desselben, gefunden werden, sondern erst auf der Stufe eines erhöhten, verstärkten Bewusstseins. Dieser Bereich beginnt «mit dem von der Seele innerlich durchhellten, vom Eigenwollen beherrschten Denken»[18]. Acht Meditationen werden beschrieben. Durch sie kann der Geistesschüler sich Vorstellungen erbilden, welche den realen, seelisch-geistigen Tatbeständen seiner eigenen Wesenheit entsprechen. Die besondere Art der Darstellung dieser Meditationen gibt nicht nur Anweisungen, sie führt den Schüler Satz für Satz vor eine bestimmte Geisttatsache, ruft ein Gesamtbild derselben auf und lässt ihn meditativ darin leben. Reale, übersinnliche Geisterfahrung prägt sich in seine Seele ein. – In den aphoristischen Ausführungen der zweiten Schrift, *Die Schwelle...*, werden diese Erfahrungen vertieft. Die Kraft des Vorstellens wird gesteigert. «Man lenkt die Aufmerksamkeit von den Bildern ab und der eigenen bilderschaffenden Tätigkeit zu.» Dadurch wird das Selbstbewusstsein erkraftet und eine neue Verbindung mit der übersinnlichen Welt ermöglicht[20]. Die am meditativen Erleben der angeführten Beispiele erstarkte Seele ist damit in rechter Weise vorbereitet, die Schwelle der geistigen Welt zu überschreiten. Rudolf Steiner sagt von dieser nunmehr möglich gewordenen Beziehung zur Geistwelt: «Man lebt sich in jene Welt hinein, wo in gewissem Sinne ein Gedankengespräch von Wesen zu Wesen geht, wo die Seele gezwungen ist, Gedankengespräche zu führen, wenn sie zu einem Verhältnis kommen soll zu den Gedankenlebewesen, die in diesen Welten sind[21].»

Neben der durch viele Vorträge unterstützten Arbeit mit den Inhalten von *Wie erlangt man Erkenntnisse...* und der *Geheimwissenschaft* hat Rudolf Steiner einem kleinen Kreis vorgeschrittener Geistesschüler weiterführende Anweisungen gegeben und eine vertiefte esoterische Schulung zuteil werden lassen. Die Inhalte dieser Stunden sind zuerst ganz vertraulich behandelt worden. Viele Jahre später wurde ein Teil derselben allgemein zugänglich gemacht[22]. Diese esoterischen Stunden mussten 1914 unterbrochen werden. Es war unmöglich, während des Ersten Weltkrieges eine so intime Arbeit weiterzuführen. Bei dem Studium dieser Anweisungen müssen die in der damaligen Zeit bestehenden persönlichen Verhältnisse ganz besonders beachtet werden. Rudolf Steiner hat in späteren Jahren viele dieser Inhalte in neuer Gestaltung dargestellt.

Die Aufnahme der in bezug auf den Schulungsweg veröffentlichten Schriften und ihre ernsthafte Bearbeitung durch die Hörer und Leser ermöglichten Rudolf Steiner die Gestaltung von vier Mysterien-Dramen: *Die Pforte der Einweihung* (1910). *Die Prüfung der Seele* (1911), *Der Hüter der Schwelle* (1912), *Der Seelen Erwachen* (1913)[23]. Die Titel dieser Dramen bringen schon zum Ausdruck, dass sie die seelischen und geistigen Vorgänge zum Inhalt haben, die von Menschen erlebt werden, welche nach Geist-Wahrnehmung und Geist-Erkennen streben. Es kann nicht die Aufgabe der vorliegenden Betrachtung sein, die künstlerische Gestaltung, durch welche die esoterischen Entwicklungswege einzelner Persönlichkeiten aufgezeigt werden, zu schildern. Es ist aber der bedeutsame

Unterschied zu berichten, der zwischen der Darstellung einer individuellen esoterischen Entwicklung und einer allgemein gültigen Darstellung einer solchen besteht. Rudolf Steiner sagt hierüber: «Alle die Dinge, die Sie – und gegenüber okkulten Dingen ist es gewiss berechtigt, so zu sprechen – in einer Art von stammelnden Sprache finden in der Schrift *Wie erlangt man Erkenntnisse der höheren Welten?*, was da enthalten ist als eine Beschreibung des Weges hinauf in die höheren Welten, das alles verbunden mit dem, was in der *Geheimwissenschaft* in einer anderen Form gesagt werden durfte, ist im Grunde viel intensiver, lebensrealer und wirklicher, weil viel individueller, in dem Rosenkreuzermysterium *(Die Pforte der Einweihung)* zu finden. In einer solchen Schrift wie zum Beispiel *Wie erlangt man Erkenntnisse der höheren Welten?* kann man das, was über die menschliche Entwickelung gesagt werden soll, doch nur so bringen, dass es gewissermassen anwendbar ist auf jede menschliche Individualität, die daran geht, in gewisser Weise die Schritte hinaufzulenken in die höheren Welten ... Will man Entwickelung, so wie sie sich erschaut in der geistigen Welt, wirklich hinstellen, so kann das nur geschehen, wenn man die Entwickelung eines einzelnen Menschen gestaltet, wenn man in die Individualität umsetzt, was für alle Menschen wahr ist[2].»

In diesem Sinne sind in diesen Dramen die Schicksalsaufgaben, die Meditationen, die Prüfungen und die höheren Erlebnisse zum Beispiel des Künstlers Johannes Thomasius, des Wissenschafters Professor Capesius, des Ingenieurs Strader dargestellt. Dem Geistesschüler wird durch diese Dramen eine wichtige Hilfe zuteil, wenn er die Kenntnis und das innere Mit-Erleben solcher Erlebnisse in seine Arbeit einbeziehen kann. Anlässlich der Uraufführungen dieser Dramen hat Rudolf Steiner jeweils Vortragskurse gehalten. Die Titel derselben besagen, wie sehr deren Inhalt auf ein tieferes Eindringen in das Geschehen auf dem Schulungsweg gerichtet ist: *Weltenwunder, Seelenprüfungen und Geistesoffenbarungen*[24], *Von der Initiation. Von Ewigkeit und Augenblick. Von Geisteslicht und Lebensdunkel*[11], *Die Geheimnisse der Schwelle*[21]. Mit diesen, neue Einzelheiten und Gesichtspunkte schildernden Vorträgen ist eine unerschöpfliche Quelle für das Erfassen esoterischer Entwicklungsvorgänge gegeben. Zu all dem kommt noch die Förderung, welche ein Geistes-Schüler erfährt, wenn er mit seinem ganzen Wesen die künstlerische Gestaltung solcher Schicksale in sich aufnimmt. <u>Eine esoterische Entwicklung kann durch das Denken allein nicht durchgeführt werden.</u> Der ganze denkende, fühlende, wollende Mensch muss sich in ein solches Werden hineinstellen. Die volle Bedeutung der Mysterien-Dramen wird sich dem Geistesschüler umso deutlicher enthüllen, je höher er in seiner Schulung aufzusteigen vermag.

Die zunehmende Verbreitung der anthroposophisch orientierten Geisteswissenschaft, die neuen Formen des ersten Goetheanums und auch die Ereignisse des Ersten Weltkrieges stellten der anthroposophischen Arbeit neue Aufgaben. Vorher war diese Arbeit durch verhältnismässig kleine Gruppen in einer innerlichen, intimen Weise durchgeführt worden. Das Erleben des Kriegsgeschehens weckte in vielen Menschen Zweifel an der damaligen, vorwiegend materialistischen Lebensführung. Die Sehnsucht nach einer neuen Beziehung zu der geistig-schöpferischen Welt verstärkte sich. Künstler, Wissenschafter, Priester, Ärzte, Handwerker lernten die Bücher Rudolf Steiners kennen oder hörten seine Vorträge. Die meisten dieser Menschen lebten aber in den Vorstellungen, welche die sogenannte «strenge Wissenschaft» ausgebildet hatte. Damit trat für die Darstellung der Ergebnisse und Methoden der anthroposophischen Geisteswissenschaft die Notwendigkeit auf, sich mit diesen Gedankenformen auseinanderzusetzen. Es musste gezeigt werden, wie Anthroposophie den berechtigten Forderungen der modernen Wissenschaft auf allen Gebieten entspricht und wie sie neue Impulse in die Wissenschaft hineintragen kann. Neben der früheren, sich unmittelbar an die Herzenskräfte wendenden Schilderung musste jetzt auch eine den neuen Anforderungen gerecht werdende Darstellung gepflegt werden. Rudolf Steiner erfüllte diese Aufgabe durch neue Veröffentlichungen und durch eine ausgedehnte Vortragsarbeit.

Bei den nunmehr gegebenen Darstellungen des anthroposophischen Schulungsweges wurde die Ausbildung eines exakten wirklichkeitsgemässen Denkens als Grundlage der esoterischen Entwicklung in den Vordergrund gestellt. Manches war dafür in den vorausgehenden Jahren schon vorbereitet worden. So hatte zum Beispiel Rudolf Steiner auf dem vierten internationalen Kongress für Philosophie in Bologna (1911) über «Die psychologischen Grundlagen und die erkenntnistheoretische Stellung der Anthroposophie» nachgewiesen, dass für die geschilderte erkenntnistheoretische Auffassung und deren Bezug zu einer rein geistigen Forschung die Grundlage in seinen Schriften *Wahrheit und Wissenschaft* und *Die Philosophie der Freiheit* vollgültig gegeben sei. «Geistesforschung ist damit als erkenntnistheoretisch denkbar nachgewiesen[14b].»

Der zweiten, 1914 erscheinenden Auflage des Buches *Die Rätsel der Philosophie*[25] fügt Rudolf Steiner neu hinzu das Schlusskapitel «Skizzenhaft dargestellter Ausblick auf eine Anthroposophie». Hinweisend auf das in *Wahrheit und Wissenschaft* und der *Philosophie der Freiheit* Gegebene, wird gezeigt, dass die suchende Menschenseele ein anderes als das gewöhnliche Bewusstsein entfalten muss, um die gegenwärtig angenommenen Erkenntnisgrenzen überschreiten zu können. Diese Entfaltung werde erreicht, wenn durch entsprechende Übungen die innere Tätigkeit des Denkens wie auch des Fühlens und Wollens in voll bewusster Art gesteigert und von der Bindung an die leibliche Organisation losgelöst wird. So entstehe die Fähigkeit, rein seelisch-geistig zu erleben und zu erkennen. Als Grundlage für diese Höherentwicklung müsse eine echte naturwissenschaftliche Gesinnung dienen.

20.8.81

Das so Angedeutete wird genauer ausgeführt in dem 1917 erschienenen Buch *Von Seelenrätseln*[19]. Im ersten Kapitel «Anthropologie und Anthroposophie» ist gezeigt, wie unter strenger Beachtung der berechtigten Forderungen der modernen Wissenschaft die Ausbildung neuer «Geist-Organe» möglich ist. Diese sind selbstverständlich seelischer Art, sie vermitteln Eindrücke aus rein seelisch-geistigen Bereichen. Die damit auftretenden Vorstellungen sind von ganz anderer Art als diejenigen, die sich auf die Eindrücke der leiblichen Sinne stützen.

Sie sind nicht «tote», sondern «lebendige» Vorstellungen. Rudolf Steiner schildert im einzelnen, wie solche Vorstellungen, das heisst Imaginationen, sich aus zwei Erlebnissen herausbilden: einem «Geist-Erlebnis» und einem gefühlsmässigen «Neben-Erlebnis». (Näheres hierüber siehe Seite 114.) – In den «Skizzenhaften Erweiterungen des Inhaltes dieser Schrift» nimmt Rudolf Steiner wiederum Stellung zu den grundlegenden Erkenntnisfragen. Er bringt zum Ausdruck, dass heute der die höhere Erkenntnis Suchende sich durchaus mit den dabei auftretenden erkenntnistheoretischen Problemen auseinandersetzen muss. – Es kann hier nur darauf hingewiesen werden, dass in diesen «Skizzenhaften Erweiterungen...» sich auch die erste Veröffentlichung der «Dreigliederung der menschlichen Wesenheit» findet. Rudolf Steiner hatte, wie er im *Lebensgang*[3] schildert, 30 Jahre lang Studien über diese Gliederung in Nerven-Sinnes-Organisation, rhythmische Organisation und Stoffwechsel-Gliedmassen-Organisation durchgeführt, bevor er zu einer Veröffentlichung geschritten ist.

Es ist darauf hingewiesen worden, dass um das Jahr 1914 die Notwendigkeit auftrat, die Anthroposophie und den anthroposophischen Schulungsweg vor ein grösseres Publikum hinzustellen und dabei auch zu zeigen, dass diese neue Geist-Erkenntnis die berechtigten Forderungen der modernen Wissenschaft durchaus erfüllt. Mit Aufsätzen, welche 1916 bis 1918 in der vierteljährlich erscheinenden Zeitschrift *Das Reich* (München, Heidelberg) veröffentlicht wurden, wendet sich Rudolf Steiner unmittelbar an die damals führenden Persönlichkeiten. Im ersten Aufsatz «Die Erkenntnis vom Zustand zwischen dem Tode und einer neuen Geburt»[14c] wird zu Anfang aufgefordert, die Seelen*tätigkeiten,* welche sich im Denken, Fühlen und Wollen einen Ausdruck schaffen, vorurteilslos und exakt zu untersuchen und zu entwickeln. Erhebt man zum Beispiel durch entsprechende Übungen den Vorgang des Denkens zu einer ganz vom Bewusstsein durchdrungenen, reinen inneren Willenshandlung, dann entsteht eine neue, nicht mehr an das Leibliche gebundene Fähigkeit. Eine entsprechende Entwicklung des Wollens führt ebenso zu einer höheren Eigenschaft. Fähigkeiten dieser Art können nun auf rein geistige Vorgänge gerichtet werden. Sie ermöglichen eine Erkenntnis des eigenen Selbst, wie auch der Wesenheiten und Vorgänge der geistigen Welt. «Der Weg in die geistige Welt wird also zurückgelegt durch die Blosslegung dessen, was im Denken und im Wollen enthalten ist.» – Die zweite Hälfte dieses Aufsatzes beschreibt, wie die durch entsprechende Übungen und Meditationen zu erreichende imaginative Erkenntnisstufe zu einer Erkenntnis der ätherischen Welt, die inspirierte Erkenntnisstufe zu einem Erleben des Zustandes zwischen dem Tode und einer neuen Geburt und die intuitive Erkenntnisstufe zu einem Einblick in die in der Schicksalsgestaltung wirkenden Impulse führt.

Zwei weitere Aufsätze folgen: «Die Geisteswissenschaft als Anthroposophie und die zeitgenössische Erkenntnistheorie»[14d] und «Frühere Geheimhaltung und jetzige Veröffentlichung übersinnlicher Erkenntnisse»[14e]. Im ersten schildert Rudolf Steiner, dass er die von ihm entwickelte Geistes-Wissenschaft streng auf der Grundlage seiner früheren philosophischen Arbeiten aufgebaut hat. Er zeigt auf, «dass ein völlig organisches Fortschreiten gedacht werden muss von den erkenntnistheoretischen Grundanschauungen meiner Schrift *Wahrheit und Wissenschaft* und meiner *Philosophie der Freiheit* zu dem Inhalte der *Geisteswissenschaft* oder *Anthroposophie,* wie ich sie weiter ausgebaut habe». Unter dem zweiten Thema wird daran erinnert, dass sowohl das naturwissenschaftliche Streben, wie auch das gewöhnliche mystische Suchen an den sogenannten Erkenntnisgrenzen Halt machen muss. Ein Überschreiten derselben wird erst möglich, wenn bewusst erlebt wird, dass diese Grenzen so lange bestehen *müssen,* als die verwendeten Seelenkräfte an leibliche Grundlagen gebunden bleiben. Entwickelt der Geistesschüler Seelenfähigkeiten, die «leibfrei» tätig sein können, so öffnet sich ihm der Weg für das übersinnliche Erleben. – Ein zunächst überraschender Zusammenhang zwischen dem Auftreten solcher Erkenntnisgrenzen und der menschlichen Liebefähigkeit wird enthüllt und der Weg zur Entfaltung einer diese Grenzen überwindenden Liebe-Kraft wird aufgezeigt. (Näheres hierüber siehe Seite 140.) – Auch hier wird zuerst auf die Entwicklung des leibfreien Denkens aufmerksam gemacht. Dieses ermöglicht ein erstes übersinnliches Erleben der *eigenen* Wesenheit. Die entsprechende Entwicklung des Willenselementes erweitert dieses Erleben in das Gebiet der übersinnlichen *Umwelt*. – In vergangenen Zeiten war es durchaus berechtigt, ja notwendig, übersinnliche Erkenntnisse in Abgeschlossenheit, in «Geheimschulen» zu pflegen und zu bewahren. Rudolf Steiner muss aber für unsere Zeit feststellen: «Wir leben in einem Zeitalter, in dem übersinnliche Erkenntnis nicht mehr ein Geheimgut weniger bleiben kann; in dem sie Gemeingut aller derjenigen werden muss, denen der Sinn des Lebens in diesem Zeitalter als Bedürfnis ihres Seelendaseins sich regt.» Dieses Bedürfnis «wird immer mehr zur Forderung nach einer Gleichbehandlung des übersinnlichen Erkennens mit dem Naturerkennen werden». – Diese vom Zeitgeist ausgesprochene Forderung wurde von den kulturell führenden Persönlichkeiten nicht wahrgenommen und nicht dem künstlerischen, wissenschaftlichen und sozialen Schaffen zugrunde gelegt. Rudolf Steiner musste mit einem, zwar immer grösser werdenden, aber doch verhältnismässig kleinen Kreis von Hörern und Lesern weiterarbeiten.

Die auf der Grundlage der erkenntnistheoretischen Arbeiten streng durchgeführten Schilderungen in den *Seelenrätseln* und in den oben kurz berichteten Aufsätzen leiten eine neue Darstellung des Schulungsweges ein. Dieser wird – selbstverständlich unter voller Beibehaltung der früher gegebenen Anweisungen – nunmehr in verstärktem Masse so geschildert, dass er als Grundlage und Vorbereitung für ein übersinnliches, geisteswissenschaftliches Forschen dienen kann. In ausführlichen Vortragskursen stellt Rudolf Steiner das Wesen, die Aufgabe und die Gliederung der anthroposophisch orientierten Geistes-Wissenschaft dar. Einige dieser Kurse seien angegeben: *Grenzen der Naturerkenntnis*[26], *Die Wirklichkeit der höheren Welten*[27], *Philosophie, Kosmologie und Religion*[28], *Initiations-Erkenntnis*[29], *Anthroposophie. Eine Einführung in die anthroposophische Weltanschauung*[30]. Die besonderen Methoden der imaginativen, der inspirierten und der intuitiven Forschung werden in diesen Kursen neu beschrieben. Es wird immer wieder betont, dass bei dieser Wissenschaft jeder Schritt voll bewusst und exakt durchgeführt werden muss. Die Entwicklung des Denkens ist von entscheidender Bedeutung. Das erhöhte und leibfrei entfaltete Denken kann und muss der wachsame Führer für die Umwandlung des Wollens und Fühlens wie auch anderer Seelenfähigkeiten sein. – In den nachfolgenden Kapiteln dieses Überblickes werden die Einzelheiten der neuen Schulung und auch die Methoden der übersinnlichen Forschung ausführlicher dargestellt.

Rudolf Steiner hat zu Weihnachten 1923 die «Freie Hochschule für Geisteswissenschaft» am Goetheanum neu begründet. Ihre Aufgabe ist die Forschung auf geistigem Gebiete. Der Erkenntnis Suchende kann an ihr «die Wege in die geistige Welt kennen lernen..., um sie mit der eigenen Seele zu gehen»[31]. Die wissenschaftlichen und künstlerischen Sektionen dieser Hochschule haben die Aufgabe, die esoterische Vertiefung in ihre Arbeitsgebiete hineinzutragen und neue Impulse für die Erfüllung der sich stellenden Aufgaben zu vermitteln.

Überschaut man den ganzen Gang der von Rudolf Steiner gegebenen Darstellungen des anthroposophischen Schulungsweges, so wird ersichtlich, wie er diesen Weg jeweils nur in soweit schildern konnte, als seine Leser und Hörer für die Aufnahme innerlich vorbereitet waren. Deutlich ist der Schritt von *Wie erlangt man Erkenntnisse...* zur Darstellung der *Geheimwissenschaft*. Rudolf Steiner hatte für seine Hörer «das Christentum erobert», auf die abendländischen esoterischen Schulungswege hingewiesen und so das Bewusstsein von der Bedeutung einer strengen Ausbildung des Denkens wachgerufen. Während des Ersten Weltkrieges brachten neue Menschengruppen ihre Lebensfragen vor die Anthroposophie. Diese Fragen mussten in einer den berechtigten Forderungen der modernen Wissenschaft entsprechenden Weise beantwortet werden. Rudolf Steiner konnte nun die Forschungsmethoden und die Ergebnisse der neuen anthroposophisch orientierten Geisteswissenschaft ausführlicher und in strengerer Art schildern. – Die bisher skizzierten, im Laufe der Jahre aufeinanderfolgenden Darstellungen des Schulungsweges müssen vom Geistesschüler als ein Ganzes aufgefasst und erarbeitet werden. Er darf sich nicht nur auf *eine* dieser Schilderungen beschränken. Neben den grundlegenden Büchern *Wie erlangt man Erkenntnisse*... und *Die Geheimwissenschaft*... müssen die späteren Ausführungen, vor allem die Vortragskurse *Philosophie, Kosmologie und Religion, Initiations-Erkenntnis* und *Anthroposophie. Eine Einführung in die anthroposophische Weltanschauung* in die Arbeit einbezogen werden.

Der Aufbau des anthroposophischen Schulungsweges

Rudolf Steiner schreibt in der Vorrede von *Wie erlangt man Erkenntnisse* ...: «Will jemand das in dem Buche Mitgeteilte in dem eigenen Geistesleben anwenden, so ist es von Bedeutung, dass er die Seelenwege, von denen die Rede ist, in möglichst genauer Charakterisierung ins Auge zu fassen vermag[1].» Damit ist dem Geistesschüler eine Anweisung gegeben, die er nicht ernst genug nehmen kann. Sie wird oft wiederholt, vor allem bei der Beschreibung der durchzuführenden Übungen und Meditationen. Der Schüler ist nachdrücklich aufgefordert, sich – und zwar an der Gesamtheit der Darstellungen – eine genaue Kenntnis vom Aufbau des anthroposophischen Schulungsweges zu erarbeiten. Dadurch kann er auch eine alles durchziehende Anweisung befolgen: die gegebenen Empfehlungen und Regeln sind nicht auf blinden Glauben hin aufzunehmen. Der Schüler soll, *vor* der Durchführung einer Übung oder einer Meditation, sich bewusst machen, zu welcher Stufe der Schulung diese gehört, wie sie wirken wird, welche Entwicklung sie hervorruft und was als Voraussetzung für dieselbe zuerst erarbeitet sein muss.

Das folgende Schema und die anschliessende kurze Beschreibung gibt einen ersten Überblick über die einzelnen Stufen des anthroposophischen Schulungsweges. Die folgenden Kapitel werden diese Stufen ausführlicher besprechen. (Es sei wiederum betont, dass damit nur *einer* der möglichen Überblicke gegeben ist. Andere Zusammenfassungen sind durchaus möglich und berechtigt.) Die hier angegebene Aufeinanderfolge der Übungen und Meditationen ist nicht starr einzuhalten. Es ist schon angeführt worden (Seite 21), dass Rudolf Steiner in einem Vortrag über sein erstes Mysterien-Drama darauf aufmerksam macht, dass der individuelle Mensch die ihm gemässe Aufeinanderfolge in selbständiger Weise zu finden und zu erleben hat.

Der Aufbau des Schulungsweges

Die Vorbereitung:
  Studium der Geisteswissenschaft
  Grundstimmungen
  Ausbildung der «Sechs Eigenschaften»
  Die Pflege des Denkens, Fühlens und Wollens
  Die Kontrolle des Denkens, Fühlens und Wollens
  Sinnlichkeitsfreies Denken, Fühlen und Wollen
Die Schulung:
  Bedingungen und Gefahren
  Meditationen: Allgemeine Anweisungen
               Ausgestalten von Bildern
               Ausbilden höherer Organe
  Leibfreies Seelenleben
Das Überschreiten der Schwelle:
  Die Einweihung
  Der christliche Einweihungsweg
  Der rosenkreuzerische Einweihungsweg
  Der Einweihungsweg der Gegenwart
Die Geistes-Wissenschaft:
  Die imaginative Erkenntnisstufe
  Die inspirierte Erkenntnisstufe
  Die intuitive Erkenntnisstufe

Die Bedeutung der Vorbereitungsstufe wird leider oft unterschätzt. Der Seelenorganismus des gegenwärtigen Menschen ist keineswegs so beschaffen, dass er unmittelbar eine brauchbare Grundlage für eine esoterische Schulung sein könnte. Der Beruf, die Zugehörigkeit zu einer Gruppe oder einer politischen Partei und die den täglichen Zeitungsberichten zugrunde liegenden Auffassungen bestimmen weitgehend das gegenwärtige Denken. Der Geistesschüler muss lernen, selbständig zu denken. Er muss sein Denken beweglich machen und es wirklichkeitsgemäss gestalten. – Das Empfinden und Fühlen ist arm und einseitig geworden. Es ist überwiegend an leibliche Prozesse gebunden. Andererseits wird es heute durch geschickte, zumeist auf das Unbewusste ausgeübte Einwirkungen in

Bahnen gelenkt, welche gewissen Modeimpulsen oder Machtbestrebungen dienlich sind. Auch hier muss Selbständigkeit entwickelt werden; die Welt des Fühlens muss eine Erweiterung, Vertiefung und Differenzierung erfahren. – Das Wollen des heutigen Menschen ist zumeist nur ein Antworten auf Einflüsse und Anforderungen, die von aussen kommen. Selbstverständlich soll der Mensch die sich ihm stellenden Lebensverpflichtungen erfüllen. Er sollte aber auch in Freiheit Willensimpulse entwickeln, deren Ursprung in seinem geistigen Leben liegt.

So muss die *Vorbereitung* zuerst einmal das Denken, Fühlen und Wollen in gesunder Weise entfalten. Rudolf Steiner hat zum Beispiel im ersten Teil von *Wie erlangt man Erkenntnisse...*, wie auch in der zweiten Hälfte der *Geheimwissenschaft* ausführlich dargestellt, wie durch ein Studium der Ergebnisse der Geistesforschung, durch Entwicklung bestimmter Grundstimmungen und durch eine Pflege und Kontrolle der durch Geburt und Erziehung gegebenen Seeleneigenschaften die Grundlage für die Schulung geschaffen werden kann.

Mit der eigentlichen *Schulung* ist dem Geistesschüler eine ganz andere Aufgabe gestellt. In der Vorbereitung hat er die ihm gegebenen Eigenschaften mit Hilfe bestimmter Übungen beweglich gemacht, erweitert und vertieft. Nun sollen durch das Mittel der Meditation *neue* Eigenschaften in seinem seelisch-geistigen Organismus ausgebildet werden. Seelen- und Geistorgane sind zu entwickeln, welche ermöglichen, jenseits der physisch-sinnlichen Welt, also in rein seelisch-geistigen Bereichen wahrzunehmen und zu erkennen. Eine solche Entwicklung ruft aber einschneidende Veränderungen hervor. Damit die hier möglichen Fehlentwicklungen vermieden werden können, schildert Rudolf Steiner die durch innere Entwicklungsgesetze gegebenen Bedingungen und weist auf die Gefahren hin, welche entstehen, wenn diesen Bedingungen nicht entsprochen wird. – Allgemeine Anweisungen in Bezug auf die Besonderheiten der meditativen Arbeit und Beispiele grundlegender Meditationen werden zunächst gegeben. Dann folgt das «Ausgestalten von Bildern». Die ersten übersinnlichen Wahrnehmungen treten im allgemeinen in bildhafter Form auf.

Deshalb muss die Beziehung, welche zwischen einem rein seelisch-geistigen Erleben und dessen Offenbarung in einem imaginativen Bilde besteht, gründlich erübt und kennengelernt werden. An vielen Beispielen wird die Ausbildung solcher höheren, übersinnlichen Wahrnehmungsorgane aufgezeigt. In frühen Veröffentlichungen wurden solche Organe – anknüpfend an den damals üblichen Wortgebrauch – «Lotosblumen» genannt. Später verwendet Rudolf Steiner die Bezeichnung: Seelen-Organe, Geist-Organe. Das Beobachten, Erleben und Erkennen rein seelisch-geistiger Tatsachen und Geschehnisse vollzieht sich in höheren Bewusstseinszuständen. Diese setzen aber eine völlige Losgelöstheit und Unabhängigkeit vom Physisch-Leiblichen, also ein leibfreies Seelenleben voraus.

Auf späteren Stufen dieser Schulung treten ernste, innere Erlebnisse und Prüfungen auf, welche mit dem *Überschreiten der Schwelle* zur geistigen Welt verbunden sind. Rudolf Steiner hat vielfach, vor allem aber in seinem dritten Mysterien-Drama *Der Hüter der Schwelle* ausführlich geschildert, welche bedeutsamen und tief einschneidenden Umwandlungen der Geistesschüler bei diesem Schwellenübertritt durchzuleben hat. – Die allgemeine Entwicklung der Menschheit hat auch zu einer Verwandlung der leiblichen, seelischen und geistigen Organisation des einzelnen Menschen geführt. Dadurch musste sich auch dasjenige Geschehen ändern, durch welches dem Menschen die Fähigkeit des geistigen Schauens verliehen und eingeprägt wurde. Der Vorgang der Einweihung hat sich während der vergangenen Jahrtausende geändert und muss in der Gegenwart in neuer Art durchgeführt werden.

Hat ein Geistesschüler durch eine Einweihung die angedeutete innere Umwandlung erfahren, so ist er ein Wahrnehmer, ein Beobachter erster Bereiche des Übersinnlichen geworden. Der anthroposophische Schulungsweg hat aber nicht die Aufgabe, nur ein übersinnliches Wahrnehmen, ein blosses Hellsehen auszubilden. Ein solches würde dem Menschen unserer Zeit, und noch weniger dem Menschen der Zukunft, jene Einsichten und Impulse nicht vermitteln können, welche für die Erfüllung der nunmehr auftretenden Aufgaben und für die Ausgestaltung einer neuen Kultur notwendig sind. Dazu bedarf es einer voll bewussten und exakten Erkenntnis des Geistigen, einer *Geistes-Wissenschaft*. Drei Bewusstseins-, beziehungsweise Erkenntnis-Stufen sind in dieser Geisteswissenschaft auszubilden. Die erste Stufe, die imaginative Erkenntnis, führt in die Welt der schaffenden, bildenden Kräfte. Die Kräfte-Organisationen der Naturreiche, des Sonnensystems und des Weltalls werden erfahrbar. – Durch die inspirierte Erkenntnis enthüllt sich dem Menschen, dass diese «Kräftewelt» die Tätigkeit von schöpferisch wirkenden Wesenheiten ist. Der Geistesforscher erlebt sich als erfüllt, als inspiriert von solchen Wesenheiten. – In der Intuition wird die «höchste, dem Menschen zunächst als Erdenmenschen mögliche Erkenntnisart» errungen. Sie führt zu einem innerlichsten Erleben der geistigen Wesenheiten und des geistigen Wesenskernes des Menschen. Ein vollbewusstes «In-Gott-Stehen» wird möglich.

Die Vorbereitung

Der Geistesschüler sollte sich immer wieder ins Bewusstsein rufen, dass er durch den Schulungsweg zu einer Erkenntnis der übersinnlichen, göttlich-schöpferischen Welten und deren Wesenheiten aufsteigen will. Er wird auf diesem Wege ganz neuen Tatsachen und erhabenen Wesenheiten gegenübertreten. Eine sorgfältige Vorbereitung ist notwendig, damit in ihm sich diejenigen Kräfte und Eigenschaften entfalten können, welche ihn allein zu diesem Erleben befähigen.

Eine erste Aufgabe der Vorbereitungsstufe ist die Gesundung und Steigerung der durch Geburt und Erziehung gegebenen Seelenfähigkeiten. Rudolf Steiner gibt hierfür eine Reihe von Anregungen und Übungen. Er macht aber deutlich darauf aufmerksam, dass die Durchführung solcher Übungen keinesfalls zu einer Vernachlässigung der Lebensverpflichtungen führen darf: «Niemand darf mehr Zeit und Kraft auf solche Übungen verwenden, als ihm nach seiner Lebensstellung, nach seinen Pflichten zur Verfügung stehen[1].» Wahre Erkenntnis kann dem Schüler nur dann erwachsen, wenn er neben dem Streben nach Höherentwicklung des eigenen Wesens auch den von ihm schicksalsmässig geforderten äusseren Beitrag an seine Umwelt mit vollen Kräften leisten wird. – Es ist nicht ratsam, vielerlei Übungen nebeneinander zu machen; man soll eine einmal ausgewählte Übung längere Zeit durchführen und in der Seele leben lassen. Die Gesundung der oft tief verwurzelten Seelen-Einseitigkeiten bedarf ausdauernder, geduldiger Arbeit. Die rhythmische Ausführung einer solchen Übung ist von grosser Bedeutung.

Zwei Missverständnisse sollten von Anfang an vermieden werden. Die Übungen und später die Meditationen dienen zunächst nicht dazu, die äusseren Lebensverhältnisse und die ganze Lebensführung zu ändern. Sie müssen als *Seelen*verrichtungen aufgefasst werden, welche die gegebenen Eigenschaften auf eine Stufe heben, auf welcher eine Höherentwicklung möglich wird. Das zweite Missverständnis besteht darin, dass man glaubt, durch solche vorbereitenden Übungen könne unmittelbar auf die physische Organisation eingewirkt werden. Die Übungen und Meditationen dienen der seelisch-geistigen Entwicklung. Ist eine solche vollzogen, so wird – entsprechend der erreichten Stufe – das neue Seelenleben durchaus auch eine Wirkung auf die Lebenshaltung des Schülers ausüben. (Hierauf wird bei dem Bericht über die «Schulung» noch besonders einzugehen sein.)

Studium der Geisteswissenschaft

So wie es für einen Menschen, der sich um Naturerkenntnis bemüht, selbstverständlich sein muss, zuerst einmal das auf diesem Gebiet bereits Erarbeitete kennen zu lernen, so selbstverständlich muss es für einen Geistesschüler sein, sich über die vorliegenden Ergebnisse der Geistesforschung zu unterrichten. In dem Lebenswerk Rudolf Steiners findet sich eine ausserordentliche Fülle solcher Ergebnisse: Einzelheiten über das seelisch-geistige Wesen des Menschen, die vorgeburtlichen und die nachtodlichen Entwicklungen, die Wiederverkörperung des menschlichen Geistes und die Schicksalsgestaltung, das schöpferische Wirken der rein geistigen Wesenheiten, das Wesen und die Bedeutung des Christus-Impulses und vieles mehr.

Solche Forschungsergebnisse soll der Mensch unserer Zeit aber nicht gläubig aufnehmen, sondern sie selbständig am Leben der eigenen Seele und an den Erfahrungen des Lebens prüfen. «Gemeint ist hier nicht etwa nur die geisteswissenschaftliche Prüfung durch die übersinnlichen Forschungsmethoden, sondern vor allem die *durchaus mögliche* vom gesunden, vorurteilslosen Denken und Menschenverstand aus[15].» Der Studierende muss dabei allerdings bereit sein, seine Beobachtungsfähigkeit, seine Denkdisziplin und sein Ideenvermögen zu steigern. Es darf nicht nur ein intellektuelles «Wissen» von solchen Ergebnissen entstehen.

Ein einfaches Beispiel möge verdeutlichen, was gemeint ist: In der *Theosophie*[6] wird zunächst die Gliederung des Menschenwesens in Leib, Seele und Geist geschildert. Wie kann der Schüler die Wesensunterschiede dieser drei Glieder zur eigenen, gesicherten Erfahrung erheben? Er wähle ein einfaches Objekt: eine Kerzenflamme, eine Wolke, einen Vogel und frage sich zum Beispiel der Kerzenflamme gegenüber: wie bin ich leiblich mit diesem Objekte verbunden, welche Beziehung nehme ich seelisch zu ihm auf und was ergreife ich durch meinen Geist? – Durch sorgfältige Beobachtung mit den leiblichen Sinnen und durch ein bewegliches Mit-Denken kann man die in Raum und Zeit gegebenen Tatbestände und Vorgänge des gewählten Objektes ergreifen und sich so die durch den Leib gegebenen Beziehungen ins Bewusstsein rufen. – Eine ganz andere Welt wird erlebt, wenn Sympathie, Antipathie, Freude, Schmerz usw. zunächst als ganz persönliche, subjektive Beziehung auftritt. Raumesvorstellungen haben in dieser Welt keine Gültigkeit, auch ist ein neuer Zeitbegriff notwendig. Andere Gesetzmässigkeiten gelten hier. In der Leibeswelt wird ein Stoff weniger, je mehr man davon abgibt. Umgekehrt ist es in der Seelenwelt; je mehr man zum Beispiel Liebe ausstrahlt, desto mehr Liebe hat man. An vielen Einzelheiten rufe man sich die Besonderheit dieser Seelenwelt ins Bewusstsein.

Eine völlig neue Welt offenbart sich, wenn die Tätigkeit des Menschengeistes ins innere Auge gefasst wird. Durch diese soll nicht, wie in der Seele, eine persönliche Beziehung aufgenommen, sondern das objektive Wesen des betrachteten Dinges oder Vorganges erfasst werden. Das geistige Wesen des Menschen nimmt so innerlichst teil an der Welt, es erfüllt sich mit ihr und entfaltet sich dadurch. – Zu Anfang wird dem Schüler das Ergreifen dieser Verschiedenheiten nur an einfachen Objekten gelingen. Unermüdliches, wiederholtes Erarbeiten und Erleben vieler Beispiele stellt ihn immer bewusster in seine eigenen Wesensglieder, in Leib, Seele und Geist, und auch in die ihn umgebende leibliche, seelische und geistige Welt hinein. – Das so geartete Heraufheben des nur «wissenden» Verstehens zu einem selbständigen Erfahren muss in vielfältigster Weise an den Ergebnissen der Geistesforschung durchgeführt werden. Es wird sich zeigen, dass auch für höhere Gebiete der Geistesforschung ein solches Erfassen und eine selbständige Prüfung durch die Beobachtungen und Erkenntnisse der eigenen Seele durchaus möglich ist.

Dem Menschen unserer Zeit mag die Sorge aufsteigen, es werde sein späteres, eigenes, übersinnliches Erleben durch ein solches Studium der geisteswissenschaftlichen Forschungsergebnisse beeinflusst. Unbewusst bleibende «Erinnerungen» an die Erarbeitung derselben, so fürchtet man, könnten wieder aufsteigen und objektive Geisterlebnisse vortäuschen. Diese Sorge kann durch bloss intelligente Argumente nicht überwunden werden. Ein Neues ist zu entwickeln. Es ist eine der ersten Aufgaben des Geistesschülers, mit Hilfe der gegebenen Anweisungen die Fähigkeit auszubilden, welche ihm möglich macht, ein Seelenerlebnis, das nur eine wiederum auftretende Erinnerung ist, deutlich von einer Erfahrung zu unterscheiden, die an einer gegenwärtig erlebten geistigen Wirklichkeit entstanden ist. Vermag er diese Eigenschaft nicht auszubilden, dann wird ihm ein objektives Beobachten und Erkennen des Seelisch-Geistigen unmöglich bleiben.

Das Studium der Geisteswissenschaft hat aber noch andere Auswirkungen. Ein in der angedeuteten Art erarbeitetes Gedankenbild der höheren Welten erweist sich als ein Keim, der weiter wachsen kann. Das Denken betätigt sich bei diesem Studium nicht nur mit Inhalten einer physisch-sinnlichen, also einer geschaffenen, gesetzmässig ablaufenden Welt, sondern mit schöpferisch tätigen, seelisch-geistigen Entwicklungen. Es erbildet sich damit einerseits zu einem sinnlichkeitsfreien, reinen Denken, andererseits zu einem Denken, welches den schaffenden, schöpferischen Vorgängen der geistigen Welt gemäss ist. Im Hinblick auf diese Entwicklung des Denkens ist in der *Geheimwissenschaft* die Darstellung der Evolution von Mensch und Welt *vor* dem Kapitel über den Erkenntnisweg gegeben worden. An den urschöpferischen, rein geistigen Vorgängen der Saturn-, Sonnen-, Monden- und Erden-Entwicklung wird das Denken durch sich selbst in die übersinnliche Welt hineinwachsen. Deshalb wird das so entwickelte Denken auch als die erste Stufe aller geisteswissenschaftlichen Schulung betrachtet.

Grundstimmungen

Durch eine esoterische Schulung werden im Seelenorganismus des Menschen neue, höhere Fähigkeiten ausgebildet. Geduldig durchgeführte seelisch-geistige Übungen und eine objektive Selbstbeobachtung sind dazu notwendig. Beides muss aber in einer Seelenhaltung vollzogen werden, welche dem modernen Menschen nicht mehr ohne weiteres gegeben ist, nämlich in Verehrung und Ehrfurcht. Rudolf Steiner hat in den ersten Abschnitten von *Wie erlangt man Erkenntnisse...* die Grundstimmungen geschildert, die der Geistesschüler in sich aufrufen muss. In der physisch-sinnlichen Welt ist die Art der Verbindung mit einem äusseren Geschehen durch die Funktionen des leiblichen Organismus von selbst gegeben. Für die Entwicklung des Seelisch-Geistigen jedoch muss durch eigene Aktivität die dieser Entwicklung gemässe innere Haltung und Stimmung entfaltet werden. Wie Rudolf Steiner schreibt, sind für die Seele des Schülers «Verehrung, Achtung, Devotion nährende Stoffe, die sie *gesund*, kräftig machen; vor allem kräftig zur Tätigkeit des Erkennens. Missachtung, Antipathie, Unterschätzung des Anerkennungswerten bewirken Lähmung und Ersterben der erkennenden Tätigkeit»[1]. Selbstverständlich darf die aufgerufene und verstärkte Ehrfurcht und Devotion nicht die Entwicklung eines gesunden Selbstbewusstseins und Selbstvertrauens hindern. Das rechte Gleichmass und Gleichgewicht muss immerwährend angestrebt werden.

Von grosser Bedeutung ist, dass der Schüler lernt, für bestimmte Zeiten in sich «innere Ruhe» herzustellen. Er muss für diese Zeiten die Eindrücke, die Vorstellungen, die Gefühle und die Impulse des äusseren Lebens ganz ausschalten können, damit «Raum» entsteht für die gesetzmässige Entwicklung neuer seelischer und geistiger Eigenschaften. Diese machen die Entfaltung und die Pflege des höheren Menschen erst möglich. Die für kurze Zeiten bewirkte Aussonderung aus dem äusseren Leben führt keineswegs zu einer Entfremdung von demselben. Im Gegenteil, diese Augenblicke der inneren Ruhe werden zu einer Quelle, aus welcher Kraft und Sicherheit für dieses äussere Leben fliesst. – Die gründliche Durchführung der gegebenen Anweisungen ist vor allem für die ersten Schritte auf dem Schulungsweg von der allergrössten Bedeutung.

In späteren Vorträgen kommt Rudolf Steiner mehrfach auf diese für eine geistige Entwicklung so unerlässliche Grundhaltung zurück. So schildert er vier Stufen derselben [32]. Von diesen müsse der Schüler ausgehen, «wenn er Aussicht haben will, einmal zur Wirklichkeit zu kommen». Als erstes müsse vom «Staunen» ausgegangen werden. Ohne dieses Staunen der Seele mag man zu scharfsinnigen Regeln vom Ablauf der Vorgänge kommen, nicht aber zu einer Erkenntnis des Wesenhaften. – Zu diesem Staunen muss als zweite Stufe der Zustand der «Verehrung», der «Ehrfurcht» kommen. Der Schüler möge keinen Schritt in seinem Denken machen, ohne von diesen Gefühlen durchdrungen zu sein. – Auf der dritten Stufe soll der Schüler sich selber ganz mit dem Geschehnis verbinden, er soll «sich in weisheitsvollem Einklange fühlen mit den Weltgesetzen». So lange er einem Vorgange, einem Wesen nur unverbindlich, als kühler Beobachter gegenüber steht, wird ihm Wesenserkenntnis unmöglich sein. Er muss mit seinem Wesen selbstlos in das andere eintauchen, mitdenkend, mitfühlend und mitwollend. Und er muss sich für die Erkenntnis innerlich reif gemacht haben. – Der gewissermassen höchste Seelenzustand ist «Ergebung in den Weltenlauf». Auf dieser vierten Stufe stellt sich der Mensch durch eine freie Tat mittragend, mitverantwortlich in den Weltenlauf hinein.

Eine weitere Besonderheit der geisteswissenschaftlichen Schulung und Forschung wird in einem Vortrag vom Oktober 1914 geschildert [33]. Der in der physisch-sinnlichen Welt Forschende richtet sein Denken, Fühlen und Wollen auf das zu untersuchende Objekt. Durch das Denken erwirbt er sich bestimmte Begriffe und Vorstellungen. Mit diesen überschaut er die mit dem Objekt verbundenen Vorgänge und Gesetze und eignet sich ein Wissen über dieselben an. Er kann zusätzlich sein Fühlen und Wollen aufrufen und sich damit ein erweitertes und vielleicht sogar vertieftes Wissen über das Objekt aneignen. Dieses Wissen ist sein Eigentum geworden. – Der geisteswissenschaftlichen Forschung kann dieses – voll berechtigte – Vorgehen nur eine Vorbereitung für die Erkenntnis des

Wesenhaften sein. Selbstverständlich muss diese Vorarbeit mit derselben Bewusstheit und Exaktheit durchgeführt werden, wie dies in der Naturwissenschaft geschieht. Der Geistesforscher fasst dabei aber das denkende, fühlende und wollende Tätigsein nur als ein auf das betreffende Objekt abgestimmtes *Üben* seiner Seelenkräfte auf. Ein solches, vielfach wiederholtes Üben wandelt in ihm bestimmte Geisteskräfte um, macht sie gefügiger, gelenkiger, reifer. In diesem Üben muss er «in Seelenruhe warten können. Die geistige Welt lässt sich auf eine andere Weise nicht erobern, als indem man sich dafür würdig macht und dann in Seelenruhe die erwartungsvolle Stimmung entwickeln kann». Die Antwort der geistigen Welt, ihr Entgegentreten muss als ein Akt der *Gnade* aufgefasst werden. Dieser Akt wird eintreten, wenn sowohl der Forscher selbst, als auch die Lebensumstände seiner Umgebung für die Erkenntnis des Wesenhaft-Schöpferischen reif geworden sind.

Das aus diesen beiden Vorträgen Angeführte bezieht sich vor allem auf höhere Stufen der Schulung. Es wird trotzdem schon hier eingefügt, weil es wesentlich ist, dass das damit Ausgesprochene in der Grundstimmung des Schülers mitlebt.

Ausbildung der «Sechs Eigenschaften»

Die angedeuteten Anweisungen bringen dem Schüler die in ihm vorhandenen Seelentätigkeiten und deren Zustand zum Bewusstsein. Er erlebt dadurch vor allem, dass sein Denken, Fühlen und Wollen nicht nur der Vertiefung und Erweiterung bedarf, sondern dass er diese Fähigkeiten zuerst einmal in seine eigene Obhut nehmen muss. Er selber soll durch Ausbildung von sechs Eigenschaften Herr werden über die Gedankenführung, die Gefühle und die Willensimpulse.

Rudolf Steiner hat nachdrücklich auf die Bedeutung dieser Ausbildungen hingewiesen und sie geradezu als «die Bedingungen dargestellt, die einer okkulten Entwicklung zugrunde liegen müssen. Es sollte niemand denken, dass er durch irgendwelche Massnahmen des äusseren oder inneren Lebens vorwärts kommen könne, wenn er diese Bedingungen nicht erfüllt. Alle Meditations- und Konzentrations- und sonstigen Übungen werden wertlos, ja, in einer gewissen Beziehung sogar schädlich sein, wenn nicht das Leben im Sinne dieser Bedingungen sich regelt»[22]. Die für die Erfüllung dieser Forderung notwendigen Übungen sind von Rudolf Steiner mehrfach, am ausführlichsten in der *Geheimwissenschaft* dargestellt worden[15].

Mit kurzen Skizzen sei angedeutet, wie die Ausbildung dieser Eigenschaften in einer ersten Art durchgeführt werden kann:

Die Herrschaft über die Gedankenführung: An einfachen, gut überschaubaren Beispielen soll der Schüler lernen, die Aufeinanderfolge seiner Gedanken durch sich selbst zu bestimmen. Er soll nicht allerlei Einfällen folgen, welche mit dem gewählten Beispiele zusammenhängen mögen, sondern, unter Ausschluss des Unwesentlichen, eine der Sache entsprechende Gedankenfolge aufbauen. Dies setzt allerdings voraus, dass er sich über die Einzelheiten des gewählten Gegenstandes zuerst orientiert. Zum Beispiel bei einer brennenden Kerze: Herkunft des Wachses, des Dochtes; Herstellung der Kerze, Färbung, Formung; Aufbewahrung, Verkauf; das Anzünden, das Verbrennen. Damit kann er den Werdegang dieser Kerze in einer sachlich begründeten Gedankenreihe zum Ausdruck bringen. Wählt der Schüler das selbe Beispiel während mehreren Tagen, so wird er bemerken, dass eine erhöhte Anstrengung notwendig ist, denn nun wirkt das Neue, das Interessante des Beispieles nicht mehr mit. Jetzt muss die Führung der Gedanken ganz aus eigener, innerer Kraft bestimmt werden. Und dies ist das Wesentliche.

Die Herrschaft über die Willensimpulse: Rudolf Steiner macht darauf aufmerksam, wie selten die im täglichen Leben auftretenden Willensimpulse in eigenen Entscheidungen urständen. Er empfiehlt deshalb, sich zum Beispiel am Morgen den Befehl zu geben, zu einer bestimmten Zeit am Nachmittag eine frei gewählte, kleine Arbeit auszuführen. Für den Anfang eignet sich am besten eine einfache, aber doch genau erfüllbare Aufgabe. Es kann dies eine wiederholt durchzuführende Aufgabe sein, zum Beispiel die Beobachtung der täglichen Veränderung einer bestimmten Pflanze. Oder man kann sich jeweils neue Aufgaben stellen: eine kurze Wetterbeobachtung oder ein genaues Hinhören auf die vorhandenen Geräusche und Laute, verbunden mit einer das Wesentliche festhaltenden Notiz. – Es mag manchem scheinen, dass ihm dies keine Schwierigkeiten bereite. Dann möge er sich weniger einfache Aufgaben stellen, so zum Beispiel mitten in seiner Berufstätigkeit, genau zur vorgenommenen Zeit, für wenige Minuten eine vollständige «innere Ruhe» aufzurufen. Entscheidend wird sein, ob die gestellte Aufgabe wirklich ganz genau und nicht nur ungefähr oder abgekürzt ausgeführt ist.

Die Gelassenheit gegenüber Lust und Leid: Damit ist selbstverständlich nicht eine Herabdämpfung von Lust und Leid gemeint, sondern Gelassenheit, Beherrschung in bezug auf den Ausdruck solcher Empfindungen und Gefühle. Bei der Durchführung dieser Übung muss der Schüler wachsam auf die im Laufe des Tages auftretenden Gelegenheiten achten. Er soll dann vermeiden, seinem seelischen Erleben einen unwillkürlichen, unbeherrschten Ausdruck zu geben. «Nicht den berechtigten Schmerz soll man unterdrücken, sondern das unwillkürliche Weinen; nicht den Abscheu vor einer schlechten Handlung, sondern das blinde Wüten des Zornes; nicht das Achten auf eine Gefahr, sondern das fruchtlose ‹sich fürchten› usw.» Die Forderung der Gelassenheit gilt aber nicht nur für die Äusserungen, welche für andere Menschen hörbar und sichtbar sind. Man lässt doch allzuleicht schon innerhalb der eigenen Seele recht unbeherrschte Gedanken, Gefühle und Impulse aufsteigen. Auch hier ist Gelassenheit anzustreben. – Rudolf Steiner muss darauf hinweisen, dass die im gewöhnlichen Leben durch solches Üben erworbene Beherrschung für das im Verlaufe der Schulung auftretende höhere Erleben noch nicht ausreichend sein wird. Andere Übungen werden dann notwendig.

Die Positivität im Beurteilen der Welt: Diese Übung besteht darin, das Denken und Fühlen auf einer höheren Stufe zusammenwirken zu lassen. «Das Irrtümliche, Schlechte, Hässliche soll die Seele nicht abhalten, das Wahre, Gute und Schöne überall zu finden, wo es vorhanden ist.» Arbeitet man während einiger Wochen an dieser Eigenschaft, so ist wiederum notwendig, wachsam zwei oder drei Beispiele täglich aufzugreifen, an welchen dieser Anweisung nachgelebt werden kann. Ein Gespräch, bei dem man berechtigterweise einen anderen Menschen, vielleicht sogar scharf, zurückweisen musste, soll nachher – ganz für sich – innerlich ergänzt werden, indem man versucht, das *ganze* Bild dieses Menschen aufzurufen. Er ist vielleicht ein ausgezeichneter Fachmann, ein gewissenhafter Familienvater. – In ähnlicher Weise kann man sich einem Unglücksfall, einem Kriegsgeschehen gegenüber bemühen und die schicksalshafte Bedeutung solcher Ereignisse innerlich aufsuchen. «Wer einen Monat hindurch sich bewusst auf das Positive in allen seinen Erfahrungen hinrichtet, der wird nach und nach bemerken, dass sich ein Gefühl in sein Inneres schleicht, wie wenn seine Haut von allen Seiten durchlässig würde und seine Seele sich weit öffnete gegenüber allerlei geheimen und subtilen Vorgängen in seiner Umgebung, die vorher seiner Aufmerksamkeit völlig entgangen waren[22].»

Die Unbefangenheit in der Auffassung des Lebens: Ein gereiftes Denken und Wollen ist zu entwickeln. Das vorschnelle Urteilen auf Grund vorausgegangener Erfahrungen engt die Seele ein und lässt sie nicht unbefangen, vorurteilslos einen neuen Eindruck aufnehmen. Während der Zeit, in welcher täglich solche Übungen durchgeführt werden, soll der Schüler «geradezu überall darauf ausgehen, sich bei jeder Gelegenheit von einem jeglichen Dinge und Wesen Neues sagen zu lassen». Es ist eine heilsame Anstrengung für das Denken und Wollen, wenn man gerade in den Gebieten, über die man glaubt vollständig informiert zu sein, sich bewusst bemüht, Neues anzuhören. Der Schüler macht sich so Vorurteilslosigkeit und Unbefangenheit zur inneren Gewohnheit und entwickelt vor allem die Bereitschaft, völlig Ungewohntes aufzunehmen. Diese Bereitschaft wird ihre volle Bedeutung bei übersinnlichen Beobachtungen erhalten.

Das harmonische Zusammenstimmen dieser Eigenschaften: Würde die eine oder die andere dieser Eigenschaften unter Vernachlässigung der übrigen entwickelt, so entstünde eine schädliche Einseitigkeit. Geistige Tatsachen und Geschehnisse können nur dann ihrem Wesen gemäss ergriffen werden, wenn der Geistesschüler sie als ganzer Mensch, das heisst mit allen seinen Fähigkeiten aufnimmt. Deshalb ist die innere Harmonie, das Gleichgewicht zwischen den geschilderten fünf Eigenschaften so bedeutungsvoll. Der Schüler wird deshalb «je zwei und zwei, drei und eine, usw. gleichzeitig üben müssen, um Harmonie zu bewirken».

Für die zeitliche Durchführung dieser Übungen liegen verschiedene Anweisungen vor. Man könne zum Beispiel jede dieser Eigenschaften einen Monat lang üben, wobei aber täglich nur wenige Minuten aufzuwenden wären. Ist man nach sechs Monaten bei der letzten angelangt, so beginne man wieder bei der ersten und wiederhole die ganze Gruppe. Nach weiteren sechs Monaten beginne man wieder von neuem, und so fort. Eine andere Anweisung besagt, dass statt eines Monats auch ein kürzerer Zeitraum festgelegt werden könne. Die Reihenfolge solle aber unbedingt eingehalten werden. Diese Empfehlungen gelten für den Anfang, später muss der Schüler durch Selbstbeobachtung die für ihn richtige Dauer und Folge der Übungen finden.

Die Arbeit an diesen sechs Eigenschaften ist hier in ihrer einfachsten Form beschrieben worden. Auf späteren Stufen des Schulungsweges wird sie in immer vertiefterer Form durchzuführen sein. Dies zeigt sich, wenn man beachtet, in welchem Zusammenhang von diesen sechs Eigenschaften gesprochen wird. Zuerst ist ihre Ausbildung eine Bedingung, die aller okkulten Entwicklung zugrunde liegen müsse; ohne ihre Erfüllung sollte keine Schulung begonnen werden. Dann werden diese Eigenschaften als ein Mittel beschrieben, mit welchem das gewöhnliche Ich so befestigt und gestärkt wird, dass die Geburt des höheren Ich sich richtig und ungefährdet vollziehen kann. In *Wie erlangt man Erkenntnisse...* ist auf diese sechs Eigenschaften im Zusammenhang mit der Ausbildung eines übersinnlichen Wahrnehmungsorganes, der sogenannten zwölfblättrigen Lotosblume hingewiesen. Zuletzt werden diese Eigenschaften bei der Einprägung der neu erworbenen Organe und Fähigkeiten in den menschlichen Ätherleib angeführt. Dabei ist aber nicht mehr von der *Ausbildung*, sondern von der

Ausübung dieser sechs Eigenschaften gesprochen. Auf dieser Stufe müssen sie schon Gewohnheit, Lebenshaltung geworden sein.

Die Pflege des Denkens, Fühlens und Wollens

Die Arbeit an den sechs Eigenschaften hat dazu geführt, dass der Übende sich seines Denkens, Fühlens und Wollens bewusster geworden ist und dass er gelernt hat, sich dieser Seelenfähigkeiten in einer neuen Weise zu bedienen. Wenn er sich dabei auch einer sorgfältigen Lebensbeobachtung befleissigt hat, ist er gewahr geworden, dass dieses Denken, Fühlen und Wollen schon im Bereiche der Vorbereitung einer weiteren Entwicklung bedarf. Diese Grundkräfte seines Seelenlebens sind – wie schon erwähnt – noch keine gesunde Grundlage für eine geistige Schulung. Sie sind vorwiegend im Dienste eines Zurechtfindens in der äusseren Welt ausgebildet worden. Der Geistesschüler steht nun vor der Aufgabe, zunächst eine besondere Pflege dieser Seelenkräfte durchzuführen. Rudolf Steiner hat in seinen erkenntniswissenschaftlichen Arbeiten, ebenso im ersten Teil von *Wie erlangt man Erkenntnisse...* und in vielen weiteren Ausführungen die Wege zu einer solchen Pflege aufgezeigt. Darauf soll kurz hingewiesen werden.

Das Denken: Die einseitige Hinwendung auf das äussere Leben hat zu einem blossen «Nach»-denken, zu einer Passivität im Denken geführt. Man lässt seine Gedankenfolgen durch ein Buch, die Zeitung, das Fernsehen bestimmen und beschränkt sich darauf, ganz subjektive Empfindungen und Gefühle an diese Gedankenfolgen anzuknüpfen. Eine erste Aufgabe besteht deshalb in der Entwicklung eines aktiven, beweglichen und vor allem selbständigen Denkens. Rudolf Steiners *Philosophie der Freiheit* kann hier eine ganz grosse Hilfe sein. Neben den darin vermittelten neuen und bedeutungsvollen Einsichten ist «eine Art Gedanken-Trainierung» gegeben, durch welche auch die Empfindungen und Gefühle der Seele in Bewegung gebracht werden. «Was sonst bloss Erkenntnismittel ist, das ist in diesem Buche zugleich geistig-seelisches Selbst-Erziehungsmittel[34].»

Im Vortrag *Praktische Ausbildung des Denkens* werden eine Reihe von Übungsbeispielen aus dem «alleralltäglichsten Leben» gegeben. Durch die Einfachheit dieser Beispiele könnte man ihre Bedeutung und Auswirkung unterschätzen. Erarbeitet man sich aber eine Einsicht in die Seelengebiete, in welche sie führen, und – vor allem – führt man die Beispiele geduldig und ausdauernd durch, so ergibt sich eine ganz selbständig gewonnene Erfahrung: «Wir wandeln ... nicht bloss unsere Gedanken um, sondern wir lernen, unsere ganze Seele in eine weitere Perspektive hineinzubringen»[35].

Rudolf Steiner hat den am Goetheanum-Bau beschäftigten Arbeitern regelmässig Vorträge gehalten und dabei die aus diesem Kreis gestellten Fragen beantwortet. Eine solche Frage lautete: «Wie kommt man zum Schauen in der geistigen Welt?[36]» Vier Vorträge wurden zunächst der Beantwortung gewidmet. Darin werden eine Reihe von Anweisungen und Übungen geschildert, welche für eine erste Pflege des Denkens besonders hilfreich sind. Die damaligen Hörer waren in den Jahren nach dem Ersten Weltkrieg durch die Programme ihrer Parteien und durch die von den Zeitungen in den Vordergrund gestellte materialistische Denkweise stark beeinflusst. Rudolf Steiner stellt deshalb an den Anfang seiner Ausführungen: «die allererste Bedingung, auf die es ankommt zum Hineinkommen in die geistige Welt, ist: lerne selbständig denken!». Dann beschreibt er die helfenden und auch die hemmenden Einflüsse, welche wirksam werden, wenn man ein selbständiges Denken an den Gegebenheiten und Vorgängen der physisch-sinnlichen Natur entwickelt. – Als nächster Schritt wird empfohlen: «rückwärts denken». Damit wird aufgefordert, man soll ein Ereignis in seinem Ablauf umgekehrt, also vom Ende bis zum Anfang, durchdenken und damit das Denken von der Führung des äusseren Ablaufes loslösen und die Gedankenfolge aus eigener Kraft bilden.

Im zweiten Vortrag wird eine überraschende Übung angegeben: Man denke über einen einfachen Tatbestand nach, zum Beispiel: «Das Ganze ist grösser als seine Teile.» Ist dies geschehen, so stelle man den Satz um: «Der Teil ist grösser als das Ganze.» Zuerst denke man diesen zweiten Gedanken mit allen seinen Konsequenzen durch, ohne sich zunächst darum zu kümmern, ob sein Inhalt einer Wirklichkeit entspricht. Ein Unerwartetes wird auftreten. Durch diesen zweiten Gedanken dringt man in einen neuen Bereich der Wirklichkeit ein. Dem Übenden wird bewusst, dass ausserphysische, kosmische Schöpferkräfte zu den irdischen hinzukommen müssen, um zum Beispiel einen Kristall oder eine Pflanze hervorzubringen. Kräftewirksamkeiten dieser Art sind aber grösser als der fertige Kristall, als die stoffliche Pflanze. Es ist also ein «Teil» grösser als das «Ganze», das fertig Geschaffene. Werden solche «umgedrehte» Sätze durchgedacht – mehrere Beispiele sind angegeben – , so erlebt der Übende immer intensiver, dass er sich mit seinem Denken von seinem physischen Körper losgerissen hat und dass er beginnen kann, mit seinen ätherischen Kräften zu denken und so allmählich das Schauen der geistigen Welt vorzubereiten. – Man hat sich aber noch an etwas anderes zu gewöhnen: an die «Ehrlichkeit» im Denken. Diese Ehrlichkeit muss an die Stelle der so weit verbreiteten Listigkeit und Illusion treten. – Rudolf Steiner fasst zusammen: «Wir haben also vier Eigenschaften betrachtet: Klares, selbständiges Denken; unabhängig von der Aussenwelt denken; ganz anders denken als die physische Welt denkt; und nun: ehrlich denken.»

In ähnlichen Zusammenhängen wird auf die besondere Bedeutung eines morphologischen Denkens hingewiesen. Dieses Denken der Gestaltverwandlungen führt aus dem Medium des Raumes heraus und hinein in das Medium der Zeit[27]. Die bei Pflanze und Tier auftretenden Metamorphosen geben viele Beispiele, an denen ein solches Denken entwickelt werden kann. Es sei, so sagt Rudolf Steiner einmal, allerdings notwendig, solche Übungen fünfzig, hundertmal durchzuführen, bis neben den bisherigen abstrakten und begrenzten Gedanken eine neue, wahrhaft innerlich bewegte Gedankenwelt auftauche. – Die Mathematik, vor allem die projektive Geometrie, ist ein weiteres, wichtiges Übungsgebiet. In diesen Bereichen wird das voll bewusste Bilden und Verbinden der Gedankeninhalte gepflegt. Das Denken verlässt dabei den Bereich des Sinnlich-

Anschaubaren, ohne jedoch seine Exaktheit zu verlieren. Der Schüler lernt mit vollem Bewusstsein ganz in seiner Denk-*Tätigkeit* zu leben.

Das Fühlen: Im gewöhnlichen Leben treten Leidenschaften, Begierden, Wünsche, Empfindungen und Gefühle in enger Verbindung mit den besonderen für die betreffende Persönlichkeit charakteristischen Anlagen auf. Sympathie und Antipathie, Selbstlosigkeit und Egoismus sind, wie alle diese Gefühlsinhalte, zunächst ein Ausdruck der subjektiven Beziehungen, welche der einzelne Mensch zu seiner Umgebung, beziehungsweise zu seiner eigenen Leibesorganisation erlebt. Diese Art des Erlebens ist selbstverständlich durchaus berechtigt. Ein bestimmtes Gebiet unserer Schicksalsgestaltung zeigt sich darin. Solche Empfindungen und Gefühle sind aber keine ausreichende Grundlage für eine innere Schulung. Auch für sie ist eine Erweiterung, Vertiefung und Veredelung notwendig. Und zwar nicht nur in bezug auf das durch äussere Eindrücke angeregte Erleben. Die Umbildung dieser Seelenkräfte muss mehr und mehr so gesteigert werden, dass in den Empfindungen und Gefühlen sich auch das innere Seelische eines beobachteten Dinges oder Wesens objektiv offenbaren kann.

Die bereits besprochene dritte der sechs Eigenschaften hat schon Wichtiges für eine neue Gestaltung des Empfindens und Fühlens vorbereitet. Die von Ungeduld, Neugierde, Eitelkeit bestimmten Gefühlsausbrüche müssen zurücktreten und einem ruhigen, sachlichen Erleben Platz machen. In *Wie erlangt man Erkenntnisse ...*, vor allem im Kapitel «Die Vorbereitung» und etwas später in «Praktische Gesichtspunkte», finden sich Anweisungen und Übungen für die Pflege eines solchen Seelenlebens. – Der Schüler möge zum Beispiel eine spriessende, wachsende, oder bei anderer Gelegenheit eine verwelkende Pflanze aufmerksam und ins einzelne gehend betrachten. Er schliesse dabei alles andere aus seiner Seele aus und gebe sich ganz den vorliegenden Sinneseindrücken hin. Sein Fühlen wird auf diese Eindrücke antworten. Durch wiederholtes Üben wird das aufsteigende Gefühl allerdings sich nicht nur verstärken, es wird sich mehr und mehr in eine ganz bestimmte, mit dem betreffenden Objekte innerlich zusammenhängende Gefühlsform umwandeln. Ändern sich die Formen und Farben der betrachteten Pflanze, bildet sich eine Blüte aus, oder beginnt das Verwelken, so werden bei sachgemässem Üben andere, aber wiederum dem Objekte gemässe Gefühlserlebnisse auftreten. «Dadurch wird das Gefühl etwas anderes, als es war, da es noch persönlich war ... (der Schüler erlebt), dass dasjenige, was man da im Gefühl hat, eine Wahrheit, eine Erkenntnis sei[37].»

Die Welt der Töne bietet Gelegenheit zu weiteren Übungen[1]. Ein ganz anderes Erleben tritt auf, wenn durch leblose Dinge bewirkte Töne, oder wenn Töne, die von beseelten Wesen stammen, auf die Seele eindringen. Die Tierwelt bietet eine ausserordentliche Fülle von Beispielen: das Singen der Vögel, das Wiehern eines Pferdes, das Bellen eines Hundes usw. Die Seele kann und soll anderes erleben, wenn der Hund aus Freude, aus Langeweile, aus Angst oder aus Wut bellt. Werden solche Beispiele geduldig und ausdauernd durchempfunden, so bereichert, vertieft und differenziert sich das ganze Seelenleben. Der Schüler fängt an, mit der Seele zu hören. – Rudolf Steiner weist noch besonders eindringlich darauf hin, dass es wichtig ist, in der rechten Art dem Sprechen anderer Menschen zuzuhören. Das Beurteilen des Gehörten ist zunächst ganz wegzulassen. Der Schüler soll ganz hinhören, ganz eintauchen in das, was in der Seele des Sprechenden lebt. Damit bereitet er sich vor, später in Selbstlosigkeit auch auf Übersinnliches hinhören zu können.

Solche Übungen bewirken eine Steigerung und innerliche Regelung des ganzen Seelenlebens. Der Schüler eignet sich ein Fühlen an, das im gewöhnlichen Leben kaum gekannt wird, so auch eine höhere Empfindlichkeit gegenüber «wahr» und «unwahr», gegenüber «richtig» und «unrichtig»[10]. Er dringt mit diesem Fühlen in die Tiefen der Welt, in ihre Geheimnisse ein und bereitet sich vor, in Weltzusammenhängen zu leben.

Das Wollen: Die Ausbildung der zweiten der sechs Eigenschaften hat dem Geistesschüler eine bewusste Führung und Beherrschung seiner Willensimpulse ermöglicht. Nun soll eine

Stärkung und innere Differenzierung des Willens entwickelt werden. Dabei muss er sich aber einer strengen Regel bewusst sein und diese unbedingt einhalten: du darfst nicht, weder durch Taten noch durch Worte in den Willensentschluss eines anderen Menschen eingreifen; du darfst mit den durch die Schulung entwickelten Fähigkeiten niemals Macht über andere Menschen ausüben! Der Wille des anderen Menschen muss geachtet, ja geschätzt werden![1]

In einem Vortrag vom März 1912 spricht Rudolf Steiner von einer Selbsterziehung, welche der «Erziehung zur Geistesforschung vorangehen muss»[38]. Der Schüler müsse, so wird gesagt, in den Tiefen der eigenen Seele aufsuchen, was ihn befähigt, in der rechten Weise in der Welt zu stehen und zu schaffen. Auf die besondere Erziehung des Willens eingehend, weist Rudolf Steiner auf eine wichtige Unterscheidung hin: Willenskräfte, welche für das Wechselverhältnis mit der Aussenwelt notwendig sind, müssen anders entwickelt werden als jene, welche zur Entfaltung unseres inneren Eigenlebens und unserer Erkenntnisfähigkeit dienen. Der für das äussere Leben notwendige Wille muss auch in Wechselwirkung mit diesem äusseren Leben ausgebildet werden. Dabei muss der Schüler eine wirkliche Harmonie mit der äusseren Welt herbeiführen, einmal durch eine erhöhte Wachsamkeit der Sinne, zum andern durch eine «Vielseitigkeit, die es dem Leib möglich macht, sich auch einmal der Kälte auszusetzen, ohne erkältet zu sein, oder auch einmal in der glühenden Sonnenhitze über einen ganz unbeschatteten Platz zu gehen!». Es wäre falsch, ja sogar in erheblichem Masse schädigend, wenn der Mensch nicht auf diesem äusseren Wege, sondern durch ein inneres Training «vom Intellekt aus seinen Willen stark und kräftig für das Leben machen» wollte. Dies müsste unvermeidlich eine Absonderung von der Welt, eine Verstärkung der Selbstsucht, des Egoismus bewirken; es würde dazu führen, dass der Mensch mit Hilfe eines so ausgebildeten Willens sich allerlei persönliche Vorteile verschafft. – Die «innere Trainierung» wird mit Recht auf die Erziehung unserer Erkenntnis-Fähigkeit angewendet. Ein befruchtendes Element wird in der Seele aufgerufen. Durch Konzentration auf bestimmte Gedankenformen oder auf die Entwicklung von Empfindungen und Gefühlen, wie dies in *Wie erlangt man Erkenntnisse der höheren Welten?* dargestellt ist, kann sich eine neue Erkenntniskultur entfalten. Übungen dieser Art «führen auch zu einer Kultur des Willens, aber nicht direkt, sondern indirekt, indem derjenige, der diese Entwickelung in die höheren Welten anstrebt, nun abwartet, was dann kommt. Von selbst muss dann die Entwickelung des Willens kommen; dann wirkt sie im rechten Sinne und nimmt gesunde Wege».

Oft wurde von Rudolf Steiner darauf aufmerksam gemacht, dass zu einer wahren Erkenntnis nicht nur ein Mit-Denken, sondern auch ein Mit-Fühlen und ein Mit-Wollen erforderlich sei. So setze zum Beispiel das wahre Erkennen einer Kristallbildung voraus, dass der Mensch auch mit-fühlend und mit-wollend den Bildeprozess erlebe[29]. Der Geistesschüler wird bei solchen Bemühungen bemerken, dass sein Wille sich ganz anders entfaltet, wenn dieses Mit-Wollen an Naturvorgängen oder wenn es an rein geistigen Schöpfungstaten geübt wird. Das äussere Naturgeschehen ist der Ausdruck lang vergangener Schöpfungen, es verläuft nach streng festgelegten Gesetzen; der Wille übt sich an dem Geschaffenen. Anderes ergibt sich, wenn das Mit-Wollen sich in das originäre Schaffen der Geistwesenheiten einlebt. Nimmt es zum Beispiel an dem von der Geisteswissenschaft berichteten Schöpfungsgeschehen der Saturn-, Sonnen-, Monden- und Erden-Evolution teil, so erbildet sich der Menschenwille an dem geistigen Weltenwillen. Das in dieser Art entfaltete Wollen erweist sich von grösster Bedeutung für die höheren Stufen der Schulung.

Eine weitere Anweisung empfiehlt dem Schüler, am Abend auf die Ereignisse des Tages zurückzublicken und den Tageslauf wiederum durch seine Seele ziehen zu lassen. Die in der Erinnerung neu aufgerufenen Freuden und Schmerzen, welche mit diesen Ereignissen verbunden waren, werden jetzt anders und dem inneren Wesen dieser Geschehnisse mehr entsprechend erlebt. Kann man dieses Erleben sich bildhaft vor die Seele stellen, dann taucht man in die im Tageslauf tätig gewesenen Geistimpulse ein. – Eine Steigerung wird erreicht, wenn dieses Zurückschauen rückwärts vollzogen wird, also beginnend mit dem abendlichen Geschehen und Ereignis nach Ereignis bis zum Morgen hin aufrufend. Man wird bemerken, dass dieses Rückwärts-Vorstellen des Tageslaufes eine viel grössere Willensanstrengung erfordert als die erste Übung. Diese vergrösserte Anstrengung stärkt das Wollen und macht es, was sehr wichtig ist, unabhängig von dem äusseren Ablauf der Geschehnisse.

Auf höherer Stufe der Schulung wird diese Entwicklung weitergeführt werden müssen. Der Wille bildet sich dann zu einem neuen Wahrnehmungsorgan um: «Dadurch nehmen wir nach der Willensseite hin objektiv die geistigen Wesenheiten wahr, wie wir durch das äussere Auge die äusseren physischen Gegenstände wahrnehmen[39].» – Die höheren Stufen der Rückschauübungen gehen selbstverständlich über den Bereich der «Vorbereitung» hinaus. Es ist aber wichtig, dass der Anfänger sich auch schon eine Vorstellung von der späteren Auswirkung seiner grundlegenden Übung bilden kann.

Die Kontrolle des Denkens, Fühlens und Wollens

Die vorausgehenden Übungen haben die Seelenkräfte des Schülers erweitert und vertieft, er hat begonnen, sein Ich zu ihrem Führer zu machen. Diese Seelenkräfte sind aber noch immer stark durch seine Persönlichkeit, durch Vererbung, Erziehung und durch die Lebensumgebung geprägt. Dies ist für das gewöhnliche Leben durchaus berechtigt. Dem Geistesschüler stellt sich nun eine neue Aufgabe. Er muss sein zwar vertieftes, aber noch immer vorwiegend subjektives Seelenleben durch entsprechende Übungen an den Weltentatsachen «in die rechte Richtung» bringen. Es wird deshalb notwendig, dass er – zunächst für die Zeit der Übungen – sein subjektives Erleben streng beherrschen, beziehungsweise ausschalten kann. Dies in Wahrheit durchzuführen, ist schwieriger, als es zuerst scheinen mag. Doch hat die bis jetzt geleistete Arbeit die Voraussetzungen für diese nunmehr notwendige Seelenhaltung geschaffen. Der gesunde Sinn, welcher Wahrheit und Täuschung, geistige Wirklichkeit und Phantasie unterscheiden kann, ist bewusst zu pflegen. Das Erleben eines geistigen Geschehens muss mit Sicherheit von einer Erinnerungs-Vorstellung und vor allem von einer Vision oder einer Halluzination unterschieden werden können.

Im Kapitel «Kontrolle der Gedanken und Gefühle» werden einige Übungen beschrieben, durch welche die Seelenkräfte, insbesondere das Denken, Fühlen und Wollen an geistigen Wirklichkeiten ausgerichtet und ausgebildet werden können[1].

Eine dieser Übungen ist an einem Samenkorn durchzuführen. Ihr erster Teil dient dazu, an diesem die rechten Gedanken und Gefühle auszubilden. Er kann zum Beispiel in der folgenden Art aufgebaut werden: Man wähle ein Samenkorn aus, das einer Pflanze entstammt, über die man sich aufs Gründlichste orientiert hat. Dieses Samenkorn stelle man sich nicht bloss vor, man lege es wirklich vor sich hin. Zuerst müssen Form, Farbe und alle sonstigen Eigenschaften dieses Samens genau betrachtet werden. Dann stelle man sich Stufe für Stufe die aus diesem Samen entstehende Pflanze vor. Damit an dem in eigener Aktivität Vorgestellten ein der Wirklichkeit entsprechendes Seelenleben entfaltet werden kann, muss der Übende sich zuvor eine genaue Kenntnis der Lebensprozesse und der Eigenschaften dieser Pflanze erarbeitet haben. Wie sollte er denn sonst das rechte Mit-Denken, Mit-Fühlen und Mit-Wollen entwickeln können! Es kommt vor allem darauf an, dass das in der Pflanze real Schaffende, also die Weltentatsache, sich in dem Denken, Fühlen und Wollen einen wahrhaften Ausdruck erbildet und dass so diese Seelenkräfte an Geist-Tatsachen gepflegt werden. Würde durch mangelhafte Kenntnis oder durch Sympathie oder Antipathie ein der Wirklichkeit nicht entsprechendes Seelenleben hervorgerufen, so müssten ernste Fehlentwicklungen entstehen.

Der zweite Teil dieser Übung richtet sich nun auf die übersinnlichen, in der Ausgestaltung der Pflanze wirkenden Kräfte. Diese sind auch dann vorhanden, wenn in der sinnlichen Welt nur das Samenkorn wahrnehmbar ist. «Auf dieses Unsichtbare lenke man nun Gefühl und Gedanken.» Sind die Seelenkräfte in der beschriebenen Art vorbereitet, so können sie sich mit diesem «Unsichtbaren» verbinden und darin leben. «Bringt man das in der rechten Weise zustande, dann wird man nach einiger Zeit – vielleicht erst nach vielen Versuchen – eine Kraft in sich verspüren. Und diese Kraft wird eine neue Anschauung erschaffen.» Das sinnlich Unsichtbare wird beobachtbar, es offenbart sich «auf geistig-sichtbare Art».

Dieser Weg, der von der sorgfältigen, wirklichkeitsgetreuen Beobachtung zum Erfassen dessen, was in dem sinnlich Erlebbaren bildet und schafft, führt, ist von Rudolf Steiner an vielerlei Beispielen geschildert worden. Man rufe, ausgehend von einer genauen Beobachtung des Verwelkens einer Pflanze oder des Herausbildens eines Samenkornes, entsprechende Gedanken und Gefühle auf. Sind diese «in der rechten Richtung» geschult worden, dann entsteht in der Meditation wiederum die Kraft, die zur übersinnlichen Anschauung dieser Vorgänge führt. In derselben Weise kann eine auflebende Begierde oder die an der Erfüllung eines Wunsches erlebte Befriedigung nach langer sorgfältiger Beobachtung und getreuem innerlichen Versenken geistig anschaubar werden. – In einem Vortrag vom April 1912 beschreibt Rudolf Steiner drei Beispiele für eine solche Förderung im Bereiche des Fühlens[40]. Er zeigt, wie ein Mensch durch das Blau des Himmels, das Grün einer Wiese oder das Weiss einer Schneefläche in sich Empfindungen und Gefühle aufleben lassen kann, welche ihn über seine subjektive Beziehung zu diesen Naturerscheinungen hinaus zum objektiven Erleben ihres inneren Wesens bringen.

Eine weitere, zu einem Einklang mit den Weltentatsachen führende Ausbildung der Seelenkräfte ist möglich, wenn das *moralische* Erleben der Naturerscheinungen gepflegt wird. Der Vortrag «Das moralische Erleben der Farben- und Tonwelt»[41] führt dies an einer Reihe von Beispielen aus. Der Beobachtende soll sich ganz dem innerlichen Erleben einer Farbe hingeben, mit derselben ganz eins werden. Die auftretende Empfindung muss meditativ in ein moralisches Erleben übergeführt werden. Güte, Zorn, Hingabe und manches andere kann auftauchen und, wenn das Versenken entsprechend gesteigert wird, von den inneren Kräften, von dem Wesen der betrachteten Farbe – oder eines gehörten Tones – berichten.

Der jeweils zweite Teil solcher Übungen gehört schon in den Bereich der eigentlichen «Schulung». Im ersten Teil müssen aber die Seelenkräfte, vor allem das Denken, Fühlen und Wollen vorausgehend an den sinnenfälligen Weltentatsachen so ausgebildet, «kontrolliert» und in die rechte Richtung gebracht werden, dass aus ihnen die Kraft erwächst, welche die neue, übersinnliche Anschauung erschaffen kann.

Sinnlichkeitsfreies Denken, Fühlen und Wollen

Mit den bisher geschilderten Übungen hat der Geistesschüler seine seelischen Fähigkeiten vor allem an Beispielen aus der sinnenfälligen Welt gefördert, gepflegt und kontrolliert. Die weitere Schulung soll ihn zu einem bewussten Wahrnehmen und Erkennen in der übersinnlichen, rein seelisch-geistigen Welt führen. Um dafür richtig vorbereitet zu sein, müssen die bis jetzt entfalteten Fähigkeiten an *sinnlichkeitsfreien* Inhalten betätigt und gekräftigt werden. Die Seele soll sich dabei von den durch die leiblichen Sinne vermittelten Eindrücken ganz loslösen. Sie soll «blind und taub» gegenüber der sinnlichen Umgebung sein und vollbewusst in sinnlichkeitsfreien Bereichen denkend, fühlend und wollend leben. (Das so entfaltete sinnlichkeitsfreie Erleben ist zu unterscheiden von dem später auszubildenden leibfreien Seelenleben!)

Für die damit geforderte Neugestaltung des Denkens gibt die *Philosophie der Freiheit* Anleitung und Hilfe. Das Denken soll sich ausschliesslich auf den Vorgang des Denkens, auf die eigene Denk-*Tätigkeit* richten. Im Kapitel «Das Denken im Dienste der Weltauffassung» wird aufgezeigt, dass ein solches Denken «durch sich selbst besteht» und dass wir sein Sein und Wesen «durch es selbst» erfassen können. In einem nachfolgenden Kapitel erweist sich, dass dieses Denken aber nicht nur eine individuelle Eigenschaft ist. Es übergreift unser Sondersein und verbindet dieses objektiv mit dem Ganzen der Welt[7]. «Dieses Verbundensein im innersten Denkerlebnis mit den Weltgeheimnissen, das ist ja der Grundnerv der ‹Philosophie der Freiheit›. Und deshalb steht in dieser ‹Philosophie der

Freiheit› der Satz: In dem Denken ergreift man das Weltgeheimnis an einem Zipfel ... Erfasst man das Denken in sich, so erfasst man das Göttliche in sich[42].» Im *Lebensgang* betont Rudolf Steiner noch einmal ausdrücklich, dass beim Aufsteigen zum sinnlichkeitsfreien Denken «der in seinem Innern sich erlebende Menschengeist auf den Geist der Welt» trifft, und dass dieses Finden des Geistes der Welt sich ergibt, «wenn der Mensch vom Wahrnehmen zum Erleben des sinnlichkeitsfreien Denkens sich fortentwickelt»[3].

Rudolf Steiner hat in diesem Zusammenhang wiederholt auf die Mathematik und die Geometrie hingewiesen. Das voll bewusste, ganz von innen entfaltete und damit sinnlichkeitsfreie Denken dürfe als eine erste Stufe übersinnlichen Erlebens bezeichnet werden. Im *Gestalten* des Mathematischen sei die einfachste Form eines übersinnlichen Prozesses gegeben.

Ein weiteres Gebiet, in welchem das sinnlichkeitsfreie Denken, Fühlen und Wollen ausgebildet werden kann, ist in den Ergebnissen der geisteswissenschaftlichen Forschung gegeben. Erarbeitet sich der Geistesschüler zum Beispiel ein Verständnis der Gliederung des Menschenwesens in: physischer Leib, Ätherleib, Astralleib und Ich, so betätigt er seine Seelenkräfte in einem Bereich, der sich nicht mehr auf Sinneswahrnehmungen, sondern auf rein seelisch-geistige Beobachtungen stützt. Er muss sich von dem gewohnten Raumbegriff frei machen und einen ganz neuen Zeitbegriff erbilden. In gleicher Weise sind sinnlichkeitsfreie Erlebnisinhalte notwendig, um sich die Mitteilungen über das vorgeburtliche und das nachtodliche Leben des Menschen, über die im rein Geistigen urständende Schöpfung von Welt und Mensch, über die Tatsache der Wiederverkörperung des menschlichen Geistes und über vieles andere wahrhaft zu eigen zu machen.

Selbstverständlich handelt es sich bei diesem Studium der Geisteswissenschaft nicht nur um das Entgegennehmen eines neuen *Wissens*, sondern um ein aktives, lebendiges Mit-Denken und Prüfen der geschilderten Tatbestände. Rudolf Steiner fasst in bezug auf das sinnlichkeitsfreie Denken zusammen: «Dadurch, dass man sich unablässig zum Eigentum macht, was die Geistesforschung sagt, gewöhnt man sich an ein Denken, das nicht aus den sinnlichen Beobachtungen schöpft. Man lernt erkennen, wie im Innern der Seele Gedanke sich an Gedanke webt, wie Gedanke den Gedanken sucht, auch wenn die Gedankenverbindungen nicht durch die Macht der Sinnenbeobachtung bewirkt werden[15].»

In jedem gesunden Menschen ist eine Fülle von an Sinneseindrücken erlebten Empfindungen gegeben: Farben-, Ton-, Geruchs- und Geschmacks-Empfindungen. Die weite Welt seiner Gefühle bringt zum Ausdruck, wie sein persönliches Verhältnis zur äusseren Umgebung und zu seinem eigenen Leibe ist: Wohlgefallen, Freude, Liebe, Missfallen, Sorge, Furcht usw. Auch für diese Bereiche sind Übungen durchzuführen, durch welche ein rein seelisches, also sinnlichkeitsfreies Erleben entwickelt werden kann. Der Schüler wird in den meisten Fällen sich vorausgehend eine genaue Kenntnis vom inneren Wesen solcher Empfindungen und Gefühle erarbeiten müssen. Hiezu sind die Vorträge, welche Rudolf Steiner im Winter 1909/1910 und im November 1911 gehalten hat, eine grosse Hilfe[43,44,45]. Darin finden sich ausführliche Schilderungen über: Die Mission des Zornes, der Wahrheit, der Andacht; über Lachen und Weinen; über das Erleben der Sinnesprozesse und vieles mehr. Durch eine Einsicht in diese Seelenbereiche und durch die vorausgehende Pflege und Kontrolle des Fühlens ist eine gesunde und sichere Grundlage gegeben, auf welcher das sinnlichkeitsfreie Fühlen entwickelt werden kann. Doch muss die Anweisung beachtet werden: «Niemand sollte das Fühlen ausbilden, bevor er das sinnlichkeitsfreie Denken nicht bis zu einer gewissen Stufe gebracht hat[46].» Diese Voraussetzung muss erfüllt sein, weil nur dadurch der Seele in dem neuen, durch Sinnestatsachen nicht mehr gestützten Erleben ein sicherer Führer gegeben ist.

In dem schon erwähnten Vortrag «Das moralische Erleben der Farben- und Tonwelt» wird betont, dass mit Übungen dieser Art keineswegs ein Zurückziehen von der Sinnenwelt angestrebt wird, vielmehr die Entwicklung eines Erlebens, welches sich erstreckt auf dasjenige, «was man hinter dem Tone, hinter der Farbe, hinter den Formen erleben kann, was sich *offenbart* in Farbe, Ton und Form»[41]. An vielen Beispielen wird deutlich, dass solches nur einem sinnlichkeitsfrei gewordenen Fühlen möglich ist.

In der *Geheimwissenschaft* findet sich die Aufforderung: Der Schüler möge von dem äusseren Ereignis, welches in ihm Wohlgefallen und Freude hervorgerufen hat, ganz absehen. Er bilde sich die umfassende *Idee* der Herzensgüte. Dieser sittlichen Idee gegenüber empfinde er nun Freude. Durch wiederholte, innerliche Versenkung in die an einer Idee erlebten Freude wird er sich einerseits ganz frei machen von dem ursprünglichen, äusseren Geschehen, andererseits verstärkt sich sein nunmehr sinnlichkeitsfreies Erleben und er gewinnt Sicherheit in seinem im rein Seelisch-Geistigen lebenden Fühlen[15]. – Vieles wird aber darauf ankommen, dass der Schüler lernt, das Erleben an einem sinnenfälligen Eindruck deutlich von dem Erleben an einem rein seelischen Inhalt zu unterscheiden und dass er volle Bewusstheit und Sicherheit in dem neuen Fühlen entwickelt.

Im gewöhnlichen Leben sind die Motive für die Willensimpulse zumeist in den äusseren Lebensverpflichtungen begründet. Weitere Impulse urständen in den leiblichen Prozessen oder in dem durch Sinneseindrücke aufgerufenen Seelenleben. Mit diesen Impulsen kann der Mensch, erlebend und handelnd, an den ihm in der physisch-sinnlichen Welt gestellten Aufgaben arbeiten.

Der Geistesschüler soll für die Zeit seiner Übungen und Meditationen auch seinen Willen von allem Äusseren loslösen und ihn ganz auf der Grundlage des rein Seelisch-Geistigen entfalten.

In der *Philosophie der Freiheit* ist auch für diese Entwicklung ein Weg aufgezeigt. Es wird zur Beobachtung des Denkens und zum Denken über das Denken aufgerufen. Eine bedeutsame Besonderheit tritt auf. Alle anderen Beobachtungsobjekte sind uns ohne unser Zutun gegeben. Beim Denken über das Denken müssen wir aber das Objekt zuerst hervorbringen, bevor wir es beobachten können[7]. Mit diesem Hervorbringen ist selbstverständlich ein Willensakt verknüpft, und zwar ein solcher, der auf ein Nicht-Sinnliches – auf das Denken – gerichtet ist und von diesem erfüllt ist. Dieser Willensakt kann als erste

Stufe eines sinnlichkeitsfreien Wollens erlebt werden. Wird das sinnlichkeitsfreie Denken auf seine höchste Stufe, das reine Denken, erhoben, so vereinigt sich Wille und Denken. Das Denken, so sagt Rudolf Steiner, kann dann ebensogut als reiner Wille angesprochen werden. «In dem Augenblicke, wo man das Denken noch hat, trotzdem man keine sinnliche Anschauung hat, in dem Augenblicke hat man das Denken zugleich als Wille. Es ist kein Unterschied mehr zwischen Wollen und Denken. Denn das Denken ist ein Wollen und das Wollen ist dann ein Denken[47].»

Die moralische Entwicklung des Geistesschülers ist von entscheidendem Einfluss für das Vorschreiten auf dem Schulungsweg. «Wenn du *einen* Schritt vorwärts zu machen versuchst in der Erkenntnis geheimer Wahrheiten, so mache zugleich *drei* vorwärts in der Vervollkommnung deines Charakters zum Guten[1].» – Ein Wollen, welches den Menschen befähigt, moralisch zu *handeln,* darf nicht durch äussere Anforderungen oder durch Triebe, Instinkte, Emotionen bestimmt sein. Erst wenn es von solchen Impulsen unabhängig, man kann sagen «sinnlichkeitsfrei» ist, kann es die durch die moralische Phantasie entfalteten Inhalte ergreifen und verwirklichen.

Die Schulung

Der Geistesschüler hat in der «Vorbereitung» die ihm gegebenen Seelenkräfte erweitert, vertieft und an den Weltentatsachen in die rechte Richtung gebracht. Er hat gelernt, selbständig zu denken, zu fühlen und zu wollen. Die Entwicklung seiner Konzentrationsfähigkeit ermöglicht ihm alles Nicht-Wesentliche von seinen Übungen fernzuhalten. Die so gepflegten Seelenkräfte müssen nun in neue Fähigkeiten *umgewandelt* und Seelenkeime, welche bis jetzt in ihm geschlummert haben, zu geistigen Beobachtungswerkzeugen und später zu neuen Erkenntnisfähigkeiten entwickelt werden. Diese Umwandlungen und Entwicklungen werden durch das Mittel der *Meditation* vollzogen.

Rudolf Steiner hat immer wieder auf die dem Menschen unserer Zeit gemässe Art des Meditierens hingewiesen und die Regeln geschildert, welche dabei einzuhalten sind. Mit dem Hinweis auf solche Regeln und Forderungen ist aber nicht gemeint, dass nun ein starr festgelegter Gang der Schulung vorliege. Noch mehr als bei der «Vorbereitung» wird in der «Schulung» der einzelne, je nach seiner Lebenslage den ihm gemässen Weg in die übersinnlichen Welten finden müssen. Die innerlichen Gesetze der Entwicklung höherer Fähigkeiten sind in den Schilderungen des Schulungsweges dargestellt. Die Aufeinanderfolge, das Ineinanderfügen der einzelnen Schritte muss sich dem Geistesschüler aus den Gegebenheiten seines Schicksals und aus den ihm gestellten Aufgaben ergeben. In seinen Mysterien-Dramen hat Rudolf Steiner gezeigt, wie zum Beispiel die drei Persönlichkeiten Johannes Thomasius, Capesius und Strader je nach ihrem Karma ihre ersten Schritte zur Initiation in ganz verschiedener Weise gehen. «Man kann von keinem dieser Wege sagen, dass er besser oder schlechter sei als der Weg des andern; sondern man muss von jedem dieser Wege sagen, dass er sich ergeben musste je nach dem Karma der betreffenden Individualitäten[11].»

Dies ist zu beachten, wenn nun die einzelnen Stufen der Schulung beschrieben werden. Eine getrennte Darstellung ist notwendig. Auf Grund aufmerksamer Selbstbeobachtung – diese konnte in der Vorbereitung erlernt werden – wird der Geistesschüler selbst entscheiden können und müssen, wie die Ausgestaltung von Bildern, das Ausbilden der höheren Organe und die Entwicklung eines leibfreien Seelenlebens aufeinander folgen, beziehungsweise nebeneinander zu erwerben sind. Nicht ein abstrakt festgehaltener Plan, sondern das bewusst beobachtete Ineinanderweben von Erlebnissen, Erfahrungen und inneren Notwendigkeiten wird die rechte Führung sein.

Die Voraussetzung dafür ist aber, dass ein Überblick und ein Verstehen des ganzen Schulungsweges erarbeitet worden ist. «Erst wer solche Dinge kennt, wie sie hier mitgeteilt werden, kann in vollem Bewusstsein die Übungen vornehmen, welche zur Erkenntnis übersinnlicher Welten führen[1].» Auf der Grundlage eines solchen Gesamtbildes werden die Erlebnisse des Schülers ihren rechten Platz finden, und er wird erkennen, was vielleicht an Vorbereitung nachzuholen ist und was seine nächsten Schritte sein müssen.

Bedingungen und Gefahren

Durch die meditative Arbeit werden ganz neue Kräfte im Seelenorganismus entfaltet und bisher schlummernde Keime zu übersinnlichen Beobachtungsorganen erweckt. Damit vollziehen sich *einschneidende Veränderungen*. Eine durchgreifende Verwandlung des gesamten seelischen Innenlebens findet statt. Würden die Meditationen unzulänglich vorbereitet und unrichtig durchgeführt, so würden sich diese Veränderungen in falscher Art vollziehen und ernste Gefahren könnten auftreten.

Deshalb folgt nach dem ersten Teil von *Wie erlangt man Erkenntnisse...* das Kapitel: «Die Bedingungen zur Geheimschulung.» In ihm werden zuerst sieben Bedingungen geschildert, welche zum «Antritt der Geheimschulung» gestellt werden müssen. Die ersten sechs Bedingungen verlangen von dem

Geistesschüler eine neue Lebenshaltung: Er soll in vertiefter Verantwortlichkeit seinen Leib, seine Lebenskräfte und sein Seelisches pflegen und im rechten Sinne daran arbeiten. Er soll sich selber stärken, aber nie vergessen, was er den höheren Schöpfungswesen und auch seinen Mitmenschen verdankt. Die siebte Bedingung verlangt, dass er unablässig im Sinne der angegebenen Forderungen lebe. Dann folgt der bedeutungsvolle Satz: «Hat jemand den ernsten und ehrlichen Willen, die angegebenen Bedingungen zu erfüllen, dann mag er sich zur Geheimschulung entschliessen[1].»

Das ernste und unablässige Streben nach Erfüllung dieser sieben aus der Seelenentwicklung sich stellenden Bedingungen ist also eine Voraussetzung für den *Beginn* der Schulung! Auf diese Tatsache muss Rudolf Steiner bei nahezu allen Schilderungen des esoterischen Schulungsweges aufmerksam machen. So wird zum Beispiel in der *Geheimwissenschaft* nach der Beschreibung der sechs Eigenschaften von der Notwendigkeit gesprochen, die Beherrschung der Gedanken und Empfindungen so weit zu steigern, dass die Seele in sich Zeiten vollkommener Ruhe herstellen und eine objektive Selbstbeobachtung durchführen kann. Es müsse ein Ideal für den werdenden Geistesforscher sein, schon im gewöhnlichen Leben mit innerer Sicherheit und Seelenruhe sich den an ihn herantretenden Lebensereignissen gegenüber zu stellen und sie nach ihrer inneren Bedeutung und ihrem inneren Wert zu beurteilen. Dann folgt wiederum ein inhaltsschwerer Satz: «Die hier geschilderten Bedingungen müssen erfüllt sein, weil sich das übersinnliche Erleben auf dem Boden auferbaut, auf dem man im gewöhnlichen Seelenleben steht, bevor man in die übersinnliche Welt eintritt[15].»

Leider wird so oft über Sätze dieser Art hinweggelesen und nicht erkannt, welche Bedeutung in ihnen liegt. Für die Vorbereitung werden solche Bedingungen nicht gestellt: in ihr wird das durch Geburt und Erziehung gegebene Denken, Fühlen und Wollen gepflegt und wirklichkeitsgemäss entwickelt. Jeder Mensch, auch derjenige, der einen Schulungsweg nicht beschreiten will, kann die dort gegebenen Übungen ohne Gefahr durchführen und sich damit für die Erfüllung seiner Lebensverpflichtungen stärken. *Anderes* gilt für die eigentliche Schulung. Diese kann man nicht als bloss Wissender, man muss sie als ganzer Mensch durchführen. Rudolf Steiner hat deshalb oft davor gewarnt, in einseitiger Weise, zum Beispiel nur mit einem durch Meditation verstärkten Denken in die Geistwelt eintreten zu wollen; es müsse einer solchen Entwicklung «parallel gehen auch eine Verstärkung der Willens- und Gefühlskraft, der Gemütskraft der Seele»[48]. Ebenso sind neben der geistgemässen Umwandlung des Denkens, Fühlens und Wollens noch weitere Seelenfähigkeiten auf eine höhere Stufe zu heben: Wahrheitssinn, Gründlichkeit des Gewissens, Sicherheit des Charakters, Festigung der Urteilsfähigkeit. Vor allem aber ist notwendig, «dass die moralische Verfassung der Seele auf eine entsprechende Stufe gebracht wird. Fortschritt in der Geistesschulung ist nicht denkbar, ohne dass zugleich ein moralischer Fortschritt sich notwendig ergibt»[15]. Für das durch die Erfüllung dieser Forderungen sich entfaltende Innenleben ist es von grösster Bedeutung, dass die neuen Seeleneigenschaften in Harmonie und Gleichmass entwickelt werden.

Es liegt im inneren Wesen einer esoterischen Entwicklung begründet, dass sich dem Menschen, je höher er aufsteigt, immer stärkere Widerstände entgegenstellen. Schon bei den ersten Schritten zeigt sich, dass durch eine meditative Arbeit neben den erstrebten höheren Kräften auch andere, jedoch hemmende Seeleneigenschaften mitverstärkt werden, zum Beispiel: Selbstliebe, Eigensinn, Unsicherheit, Furchtsamkeit, usw. Rudolf Steiner weist aber schon in *Wie erlangt man Erkenntnisse*... darauf hin, dass gefährdende Einseitigkeiten nur dann auftreten, «wenn die notwendigen Vorsichtsmassregeln ausser acht gelassen werden. Wenn dagegen wirklich alles beachtet wird, was wahre Geheimschulung als Ratschläge an die Hand gibt, dann erfolgt der Aufstieg zwar durch Erlebnisse hindurch, die an Gewalt und Grösse alles überragen, was die kühnste Phantasie des Sinnesmenschen sich ausmalen kann; aber von einer Beeinträchtigung der Gesundheit oder des Lebens kann nicht die Rede sein»[1].

Es ist nicht zufällig, dass in der *Geheimwissenschaft* vor das

Kapitel «Die Erkenntnis der höheren Welten» die ausführliche Schilderung der Entwicklung von Welt und Mensch gestellt worden ist. Das Walten höchster Schöpfungsmächte wie auch das (notwendige) Wirken der Gegenmächte kann durch diese Darstellung der Evolution studiert und durch eine in der physisch-sinnlichen Welt entwickelte Urteilskraft verstanden werden. Dieses Verständnis, so schreibt Rudolf Steiner, «sollte der Geistesschüler im regelrechten Entwickelungsgange durch seine gewöhnliche Urteilskraft sich angeeignet haben, bevor er das Verlangen hat, sich selbst in die übersinnlichen Welten zu begeben»[15].

Meditationen
Allgemeine Anweisungen

Das Ziel der Meditation ist die Heranbildung neuer Eigenschaften in dem seelisch-geistigen Wesen des Menschen. Neben einer allgemeinen Stärkung der Seele sind zunächst die bisher entwickelten Denkkräfte, Gemütskräfte und Willenskräfte zu neuen Seelen- und Geist-Organen umzubilden. Aufbauend auf diesen neuen Eigenschaften können dann, wiederum durch meditative Arbeit, die geisteswissenschaftlichen Erkenntnisstufen der Imagination, Inspiration und Intuition entwickelt werden.

Was ist Meditation im geisteswissenschaftlichen Sinne? Eine erste Antwort für das grundlegende Verhalten gibt Rudolf Steiner wie folgt: «Diese Meditation ist die Hingabe an eine Vorstellung, an eine Gedankenempfindung oder einen Willensakt in einer so intensiven Weise und in einer solchen Art, wie es im gewöhnlichen Leben nicht geschieht, wie sie aber geeignet ist, um Kräfte, die sonst gleichsam verdünnt in unserem Seelenleben vorhanden sind, zu konzentrieren, zu verdichten[49].» Die Seele soll sich bei einer solchen Meditation von den Eindrücken der äusseren, physischen Welt ganz zurückziehen und sich innerlich mit dem gewählten Inhalte verbinden. Alle Seelenkräfte sind aufzurufen, um in den Gedanken, den Empfindungen und Willensimpulsen dieses Inhaltes zu leben. Von entscheidender Bedeutung ist dabei die eigene Anstrengung, die aufgewendete Kraft, durch welche dieses Eins-sein herbeigeführt wird. – Weitere Charakterisierungen der auf dem anthroposophischen Schulungsweg angewendeten Meditationsformen werden von Rudolf Steiner unter immer neuen Gesichtspunkten und der jeweiligen Erkenntnisstufe entsprechend gegeben. Dabei wird nachdrücklich betont, dass volles Bewusstsein in bezug auf jede Einzelheit bestehen muss. «Die Meditation muss etwas völlig Klares sein in unserem heutigen Sinne. Aber sie ist zugleich etwas, zu dem Geduld und innere Seelenenergie gehört. Und vor allem gehört etwas dazu, was niemand einem anderen Menschen geben kann: dass man sich selber etwas versprechen und es dann halten kann. Wenn der Mensch einmal beginnt, Meditationen zu machen, so vollzieht er damit die einzig wirklich völlig freie Handlung in diesem menschlichen Leben... Es ist dieses Meditieren eine urfreie Handlung[50].»

Für den Anfang, so lautet eine oftmals gegebene Anweisung, nehme man einen einfachen, überschaubaren Gedanken. Überschaubar soll dieser Gedanke sein, damit sich nichts Unbewusstes in die Meditation einschleichen kann. Rudolf Steiner gibt einmal als Beispiel: «Ich empfinde mich denkend eins mit dem Strom des Weltgeschehens.» Zuerst erarbeite man sich die Einsicht in das so Ausgesprochene mit all den Mitteln, die durch das gewöhnliche Leben und Erkennen gegeben sind. Soll dieser Gedanken-Inhalt aber «Früchte zeitigen für das Verständnis der geistigen Welt, ihrer Wesenheiten und Tatsachen, so muss er, nachdem er verstanden ist, in der Seele immer wieder belebt werden»[20]. Dies geschieht durch die regelmässig und rhythmisch durchgeführte Meditation. Bei Meditations-Inhalten späterer Stufen ist zumeist eine gründliche Arbeit zu leisten, bis der Inhalt mit der geforderten Klarheit im Bewusstsein leben kann. Dieses Erarbeiten jedoch «soll für sich ausserhalb der eigentlichen Meditation geschehen»[22].

Bei der Wahl der Meditationsinhalte ist es, vor allem zu Anfang, sehr ratsam, die Anregungen des erfahrenen Lehrers zu beachten. Es kommt nicht darauf an, vielerlei Inhalte zu meditieren. Wesentlich ist, sich auf einiges zu konzentrieren und dieses gründlich und geduldig in der Seele leben zu lassen. Eine einmal begonnene Meditation soll nicht aus Bequemlichkeit oder aus verloren gegangenem Interesse abgebrochen werden. Für die Seele sind die Meditationen eine «Ernährung» und «Verstärkung» ihres Lebens. Eine nicht im wesentlichen begründete Unterbrechung kann sogar Gefahr bringen. Die Dauer der einzelnen Meditation kann kurz, fünf bis fünfzehn Minuten täglich, sein; «man muss nach wenigen Minuten der Übung aufhören können und ruhig seiner Tagesarbeit nachgehen»[1]. Es dürfte selbstverständlich sein, dass eine Meditation erst begonnen wird, nachdem in der Seele Ruhe und Ehrfurcht eingezogen ist. Walten in der Schülerseele noch Begierden, Leidenschaften, selbstsüchtige Gedanken, so wird durch die Meditation diesen gefährlichen Gegenkräften Einlass gegeben. Ähnliches tritt ein, wenn die Meditation lau und lässig durchgeführt wird[51]. Das sorgfältige Einhalten solcher Anweisungen ist notwendig, weil in ihnen die für die Entwicklung der höheren Seelenfähigkeiten geltenden Gesetze zum Ausdruck kommen. Werden diese nicht berücksichtigt, dann müssen folgenschwere Fehlentwicklungen entstehen.

Zu Anfang dieses Überblickes ist geschildert worden, dass während des Ersten Weltkrieges eine ganz neue Gruppe von Menschen sich der anthroposophischen Bewegung zuwandte und in ihr die Lösung ihrer Lebensfragen suchte. Damit trat für Rudolf Steiner die Notwendigkeit auf, zu zeigen, dass die Methoden und die Ergebnisse der anthroposophisch orientierten Geisteswissenschaft den Forderungen einer wahren Wissenschaft durchaus entsprechen. Mehr als zuvor musste nun auf die wissenschaftliche Klarheit und Bewusstheit der Arbeitsweise hingewiesen werden. Die besondere Stellung des Denkens, seine Entwicklung zum reinen Denken und die meditative Umwandlung desselben zu höheren Geist-Organen konnte jetzt in den Vordergrund gestellt werden. So wird verständlich, dass Rudolf Steiner nunmehr bei der Schilderung der anthroposophischen Schulung und Forschung seine Beispiele vorwiegend aus dem Bereich der Denktätigkeit nimmt. – Dies darf aber nicht zu dem Missverständnis führen, dass die Arbeit an den anderen Seelenfähigkeiten von geringerer Bedeutung wäre. Immer wieder wird deutlich vor diesem Irrtum gewarnt. «Daher ist es notwendig, dass solche reinen Gedankenübungen, wie sie als ein Glied des meditativen Lebens bezeichnet worden sind, durch andere Übungen ergänzt werden, die man ‹Willens-Übungen, Willens-Gefühlsübungen› nennen kann. Es genügt nicht, dass man das Denken, das Vorstellen in der angedeuteten Weise innerlich erkraftet[52].» – Das *ganze* Seelenleben muss durch die Meditation im Gleichmass, in Harmonie entwickelt werden, damit der Geistesschüler nicht auf einen der hier möglichen Irrpfade gerät: das Gewaltmenschentum, die Gefühlsschwelgerei und das kalte, lieblose Weisheitsstreben[1].

Meditationen
Ausgestalten von Bildern

Das wahrhaft übersinnliche Erleben ist frei und unabhängig von dem Leibesleben, es ist ein rein seelisch-geistiges Erfahren. Berichtet der Geistesforscher von einem solchen Erleben und Erkennen, so muss er, um die Aufnahme des Mitgeteilten möglich zu machen, die übersinnliche Beobachtung zumeist in *Bildern* (Imaginationen) darstellen, welche Vorstellungselemente enthalten, die der Sinnenwelt entnommen sind. Durch Verwendung von Farben, Formen, Bewegungen und anderen Sinneseindrücken bringt er, in vollbewusster Ausgestaltung des Bildes, das rein seelisch-geistige Erlebnis in eine sinnliche Form.

Bei dem Geistesschüler ereignet sich, aber ganz unbewusst, ein Ähnliches. Als Folge seiner Übungen und Meditationen wird – wenn es an der Zeit ist – seine Seele ganz Neues erleben. Dabei sei man, so schreibt Rudolf Steiner, der Sinnes- und Verstandeswelt ganz entrückt, erlebe aber trotzdem «so, wie man im gewöhnlichen Dasein nur erlebt, wenn man im wachen Zustande der Aussenwelt gegenüber steht. Man fühlt sich gedrängt, das Erlebnis in sich vorzustellen. Man nimmt zu dem Vorstellen solche Begriffe, die man im gewöhnlichen Leben hat; aber man weiss sehr genau, dass man anderes erlebt, als das ist, worauf sich in normaler Art diese Begriffe beziehen»[18].

Das rein geistige Erlebnis ist in dem Schüler durchaus vorhanden, doch sind seine Fähigkeiten noch nicht so weit entwickelt, um es in seiner rein geistigen Form bewusst erleben zu können. Für ihn tritt zunächst das aus Vorstellungen des gewöhnlichen Seelenlebens bestehende, mit Farben, Formen, Bewegungen durchzogene Bild allein im Bewusstsein auf.

Es ist für den Geistesschüler von der grössten Bedeutung, dass er die hier auftretende Zweiheit, das reine Geisterlebnis und das Bild, klar durchschauen kann. In den *Seelenrätseln*[19] wird, von einer Untersuchung des Wesens der Vorstellung ausgehend, der Unterschied zwischen dem rein seelischen und dem durch Sinneseindrücke beeinflussten Erleben der Seele aufgezeigt und dargestellt, inwieweit und in welcher Form es berechtigt ist, Elemente der Sinnenwelt für den Aufbau der im Bewusstsein auftretenden Bilder heranzuziehen. Rudolf Steiner erinnert daran, dass in der Menschenseele eine ganz bestimmte Empfindung auftritt, wenn sie in der physisch-sinnlichen Welt zum Beispiel eine gelbe Farbe wahrnimmt. Eine vergleichbare Empfindung kann auch durch ein ganz bestimmtes Geist-Erlebnis aufgerufen werden. Der das ganze Geschehen bewusst überschauende Geistesforscher ist deshalb berechtigt, bei der Schilderung dieses Geist-Erlebnisses zu sagen: man nehme dieses als «gelb» wahr. Rudolf Steiner fügt hinzu: «Vielleicht könnte man, um sich genauer auszudrükken, immer sagen: man nimmt etwas wahr, was wie ‹gelb› für die Seele ist. Doch sollte niemand einer so umständlichen Redeweise bedürfen, der an der anthroposophischen Literatur den Vorgang kennen gelernt hat, welcher zur geistigen Wahrnehmung führt[19].»

Weil der Geistesschüler, wie erwähnt, zu Anfang das rein geistige Erlebnis noch nicht bewusst erfassen kann, tritt für ihn das wie von selbst sich ausgestaltende Bild, das «Neben-Erlebnis», zunächst allein auf. So entfaltet sich ihm zuerst eine Welt von Bildern, Zeichen und Symbolen, deren Bedeutung ihm noch rätselhaft ist. Erst durch weitere, entsprechende Übungen vermag er zu einem objektiven «Lesen» dieser Bilderwelt aufzusteigen. (Hierüber wird im Kapitel «Die Geistes-Wissenschaft» im einzelnen berichtet.)

In früheren Mysterienstätten wurden solche Bilder, Symbole oder Zeichen für die Ausbildung der Schüler verwendet. Die Mysterienführer hatten ihre übersinnlichen Erkenntnisse in diese Formen gebracht, um damit eine von den Landessprachen unabhängige «allgemeine menschliche Sprache» zu schaffen. Diese nicht aus Worten und Gedanken, sondern aus Symbolen bestehende Sprache ermöglichte die notwendige Geheimhaltung der esoterischen Inhalte. Die Schaffung dieser Sprache hatte jedoch noch einen anderen Zweck. Mit ihr konnten bestimmte, für die Schulung notwendige Inhalte vor die Mysterienschüler hingestellt werden, welche in den gewöhnlichen Gedankenformen und Worten keinen Ausdruck finden konnten[53]. In manchen Mysterienstätten wurden solche Symbole oder Zeichen dem entsprechend vorbereiteten Schüler ohne jede Erläuterung übergeben. Er sollte sich durch lange Zeiten hindurch diesen innerlich hingeben und sie in seiner Seele wirksam werden lassen. Geschah dies in der richtigen Weise, so entwickelte er Kräfte und Fähigkeiten, mit deren Hilfe sich ihm die diesen Symbolen zugrunde liegenden Geist-Tatsachen offenbaren konnten.

Durch die mit dem 14. und 15. Jahrhundert eingeleitete Entwicklung der Naturwissenschaft haben die Menschenseelen nun aber die Fähigkeit verloren, sich in so selbstloser, innerlichster Art mit Sinnbildern und Symbolen zu verbinden. Die früher ausgeübte, unmittelbare Beeinflussung des physischen und des ätherischen Leibes ist heute nicht mehr statthaft. Rudolf Steiner hat in sehr ernster Weise auf die Gefahren aufmerksam gemacht, die auftreten müssen, wenn in dieser alten Art mit fertig ausgestalteten Bildern, Symbolen oder Zeichen gearbeitet wird. Ein solches Vorgehen würde zwar auch heute noch wirksam sein. Weil aber die frühere Fähigkeit der hingebungsvollen Durchdringung und das damit verbundene Erleben des geistigen Inhaltes verloren gegangen ist, müssten solche Wirkungen in ihrem Wesentlichen im Unbewussten bleiben. «Die Folge davon ist, dass man, wenn man will, die Leute zu gefügigen Werkzeugen für allerlei Pläne machen kann[17].» Mit so beeinflussten Menschen können dann gewisse politische oder andere Absichten verwirklicht werden.

Ein Weiteres ist für das übende Ausgestalten von Bildern zu beachten: Die an den physisch-sinnlichen Wahrnehmungen entwickelten Vorstellungen sind abgedämpfte, ja ertötete Vorstellungen, sie können nicht Abbilder geistiger Erlebnisse sein. Ein bewegliches, lebendiges Denken und Vorstellen ist auf neuer Stufe auszubilden. Die *Philosophie der Freiheit* weist den zu beschreitenden Weg. Rudolf Steiner hat in diesem Zusammenhang oft auf Goethes Metamorphosenlehre hingewiesen. In dieser lebt ein innerlich bewegliches Denken. Solche Gedanken sind immer wieder, fünfzig-, hundertmal durchzuleben. Das Denken wird dann zu einer bildformenden Tätigkeit, rein Geistiges kann sich darin abbilden.

Hat der Geistesschüler in diesem Sinne ernsthaft gearbeitet, dann sind ihm die Voraussetzungen für die Erfüllung einer neuen, wichtigen Aufgabe gegeben. Er muss nun lernen, den Übergang von dem reinen Geist-Erlebnis zu dem Abbild, dem Neben-Erlebnis, auf das genaueste zu überschauen und in voller Bewusstheit durchzuführen. Um dies zu erreichen, führt Rudolf Steiner die Verwendung von Bildern, Symbolen und Zeichen in einer neuen Art ein. Das Bild, das Symbol darf nicht in fertiger Gestalt übernommen werden. Es muss durch den Schüler selbst aufgebaut und ausgestaltet werden und zwar so, dass nichts Unbekanntes oder Undurchschautes darin enthalten ist. Erst das so aufgebaute Sinnbild darf dann der Inhalt der meditativen Versenkung werden. Wird die Meditation wiederholt, so ist der Aufbau jedesmal wieder neu durchzuführen.

Rudolf Steiner schildert dieses Vorgehen in der *Geheimwissenschaft* am Beispiel des Rosenkreuzes[15]. Deutlich ist unterschieden der Aufbau des Sinnbildes und die meditative Arbeit mit demselben. Der Aufbau geht von Beobachtungen aus, die sich an einer Gegenüberstellung von Pflanze und Mensch ergeben. Durch diese Beobachtungen werden als erstes ganz bestimmte Gedanken, Gefühle und Willensimpulse in der Seele des Übenden aufgerufen. Diese haben, neben anderem, das Erleben von Vollkommenheit, Unvollkommenheit, Selbstlosigkeit, Leidenschaftlichkeit zum Inhalt. Aus diesem innerlichen Erleben formt sich der Schüler ein erstes Bild: der grüne Pflanzensaft sei ein Ausdruck der leidenschaftslosen Wachstumskräfte und das rote Blut ein Ausdruck für die Triebe und Leidenschaften. Dieser erste Bildteil wird intensiv durchlebt und dann wird eine weitere Lebenserfahrung, ein lebensvoller Gedanke hinzugefügt: Der Mensch ist entwicklungsfähig, er kann seine niederen Triebe läutern. Die Pflanze jedoch kann nur die für sie festgelegten Wachstumsgesetze darleben. Das erste Bild erfährt damit eine Ausgestaltung: «Das Rot der Rose möge mir nun werden das Sinnbild eines solchen Blutes, das der Ausdruck ist von geläuterten Trieben und Leidenschaften, welche das Niedere abgestreift haben und in ihrer Reinheit gleichen den Kräften, welche in der roten Rose wirken.» Lässt der Übende dieses so erweiterte Sinnbild in seiner Seele leben, so tritt in ihm eine beseligende Empfindung auf, die sich in ein ernstes Gefühl verwandelt. Aus diesem erwächst das Erlebnis eines befreienden Glückes. «Nachdem man sich in solchen Gedanken und Gefühlen ergangen hat, verwandle man sich dieselben in folgende sinnbildliche Vorstellung.» Rudolf Steiner beschreibt diese Vorstellung: Ein schwarzes Kreuz und sieben rote Rosen.

Dieses Sinnbild, das Rosenkreuz, wird nun der Inhalt der Meditation. Im Schüler leben dabei nicht mehr die zum Aufbau des Bildes führenden Gedanken, allein das Sinnbild steht vor seinem Geiste. Wenn er in diesem «die Essenz hat eines, ganz in blutender Seele errungenen, inneren höheren Stimmungsgehaltes, dann wird er sehen, dass ein solches Bild ... in seiner Seele etwas heraufholt. Das ist etwas, was nicht mehr bloss das geistige Fünkchen ist, sondern eine neue Erkenntniskraft, die ihn fähig macht, in neuer Art die Welt anzusehen»[43]. (Auf den meditativen Teil dieser Rosenkreuz-Übung wird im folgenden Abschnitt: «Ausbilden höherer Organe» näher einzugehen sein. Es sei aber hier schon darauf aufmerksam gemacht, dass die Arbeit mit diesem Sinnbild auf späteren Stufen erneut aufzunehmen ist.)

Schon die obige, kurze Schilderung, welche selbstverständlich nur auf die ausführliche Darstellung in der *Geheimwissenschaft* hinweisen soll, zeigt deutlich das Verhältnis, das zwischen einem rein geistigen Erleben und dem aus Sinneselementen aufgebauten Abbild besteht. Immer wieder weist Rudolf Steiner darauf hin, dass ein solches Bild «mit keiner äusseren Realität übereinstimmt ... Es wachsen auf einem schwarzen, toten Holzstamm keine roten Rosen ... aber es versinnbildlicht eine Wahrheit»[45]. Das Wesen und die Aufgabe dieses Bildes ist, die ihm entsprechende geistige Wirklichkeit zum Ausdruck zu bringen und den Geistesschüler, der dieses Bild meditiert, zu dieser geistigen Wirklichkeit hinzuführen.

Der Schüler bereitet sich für die spätere, imaginative Erkenntnisstufe in der rechten Weise vor, wenn er durch das «Ausgestalten von Bildern» zuerst einmal die Tatbestände seines eigenen Seelenlebens, so wie sie in ihm bei bestimmten Beobachtungen aufleben, in Sinnbildern ausgestaltet. Hat er sich so geübt, dann wird er die ihm später entgegentretenden Bildoffenbarungen richtig entgegennehmen können. Er wird nicht in den Fehler verfallen, das Bild als Wirklichkeit zu betrachten, sondern wird die in dem Bilde sich ankündigende Geist-Wirklichkeit aufsuchen[18].

Um auf diesem Gebiete reiche Erfahrung und Sicherheit zu entwickeln, soll der Schüler möglichst viele Vorstellungen dieser Art ausbilden. Er soll geradezu eine Fertigkeit in dem Aufbauen solcher Sinnbilder erlangen. Einige der zahlreichen von Rudolf Steiner besprochenen Beispiele seien erwähnt: Das Werden und Vergehen einer Pflanze, ausgedrückt in dem Symbol einer einfachen Kurve. – Die menschliche Entwicklung während der Erlebnisse von Tag und Nacht und das Vorrücken des Ich, ausgedrückt in dem Sinnbild des Merkurstabes[54]. – Die mit der tierischen Organisation verwandten niederen Triebe und Leidenschaften, in ihrer Verbindung mit dem höheren Geistwesen des Menschen, ausgeprägt in dem Bilde eines Kentaur. – Der Gang einer Welt- und Wesensentwicklung, versinnbildlicht in den Verwandlungen der Cassinischen Kurven[14b]. – Es können auch gewisse Sätze, einzelne Worte in dieser Art zu Sinnbildern gemacht werden, und vieles mehr. – Damit bildet der Schüler die begründete und gesicherte Fähigkeit aus, ein rein seelisch-geistiges Geschehen in ein mit sinnenfälligen Elementen: Farben, Formen, Bewegungen usw. erfülltes Bild umzuwandeln. Wird später, im Fortgang seiner

Schulung, ein imaginatives Bild in seiner Seele auftreten, so wird ihm dieses sinnenfällige Bild immer die Aufforderung sein, in sich das zugrunde liegende rein geistige Geschehen aufzurufen (Weiteres hierüber siehe Seite 112ff).

Meditationen
Ausbilden höherer Organe

Das konkrete Beobachten und Erleben von übersinnlichen Tatsachen und Geschehnissen setzt voraus, dass in der Menschenseele gesund ausgebildete Seelen- und Geist-Organe vorhanden sind. Die Keime zu solchen Organen schlummern in jedem Menschen. Der Geistesschüler muss sie durch entsprechende Übungen und Meditationen zur Entfaltung bringen. Die leiblichen Sinnesorgane vermitteln der Seele die von aussen kommenden Eindrücke, es sind passive Organe. Im Unterschied dazu sind die neu zu entwickelnden, seelisch-geistigen Wahrnehmungsorgane aktive Organe. Sie bestehen aus ganz bestimmten, seelisch-geistigen *Tätigkeiten*, und sie bestehen nur insoferne und so lange, als eine solche Tätigkeit ausgeübt wird. Bei der Beobachtung eines übersinnlichen Geschehens «erstrecken» sie sich hin zu diesem, «beleuchten» es, «umfassen» es. Da der Beobachtende dies alles durch eine eigene, dem betreffenden Vorgange gemässe Tätigkeit durchführt, vereinigt er sich selbst innerlich mit dem Beobachteten. Er steht nicht mehr wie in der sinnlichen Welt einem Objekte gegenüber; er erlebt sich mit seinem ganzen Wesen aktiv in dessen übersinnlicher Wirklichkeit. – Die übersinnliche Welt zeigt eine vielfache Gliederung und offenbart sich auf verschiedenen Stufen. Ein einziges Wahrnehmungsorgan, eine einzige höhere Fähigkeit könnte für ihre Beobachtung niemals genügen. Eine ganze Reihe differenziert ausgebildeter Seelen- und Geist-Organe ist notwendig.

Es wird durch die zu Anfang gegebene Schilderung der «Erziehung zum Geist-Erkennen» verständlich sein, dass Rudolf Steiner in den frühen Veröffentlichungen zuerst grundlegende

Darstellungen der durchzuführenden Übungen und Meditationen geben musste. Auch war es zunächst notwendig, an die damals üblichen Vorstellungen und Benennungen anzuknüpfen. So wird in der zweiten Hälfte von *Wie erlangt man Erkenntnisse...* von den «Lotosblumen» gesprochen. Die besonderen, rein seelisch-geistigen Eigenschaften dieser «Sinnesorgane der Seele» werden in dem imaginativen Abbild, dem Nebenbild, durch die Anzahl von «Blättern», durch deren «Bewegung» und durch eine bestimmte «Lage» in der menschlichen Organisation angedeutet. Das 16blättrige Organ befindet sich in der Nähe des Kehlkopfes, es ermöglicht, «hellseherisch die *Gedankenart* eines anderen Seelenwesens zu durchschauen». Das 12blättrige Organ (Nähe des Herzens) «eröffnet eine hellseherische Erkenntnis der *Gesinnungsart* anderer Seelen». Durch das 10blättrige Organ (Nähe der Magengrube) «erlangt man Kenntnis von den *Fähigkeiten* und *Talenten* der Seelen». Das 6blättrige Organ befähigt zu einem bestimmt gearteten «Verkehr mit Wesen, die den höheren Welten angehören»[1].

Für die Entwicklung dieser Organe werden verschieden geartete Verrichtungen angegeben. Wer diese durchführt, «der trägt etwas bei zur Ausbildung» derselben. Dieser Beitrag besteht bei dem 16blättrigen Organ in der Entfaltung einer neuen Lebenshaltung; diese muss aber zu einer Lebens-*Gewohnheit* gesteigert werden, damit das neue Organ sich gesund entwikkeln kann. Für die Ausbildung des 12blättrigen Organes soll der Geistesschüler gewissen Tätigkeiten seiner Seele eine neue Richtung geben. Die «Sechs Eigenschaften» werden genannt. Ihre regelmässige Entwicklung ist die Voraussetzung für die rechte Ausgestaltung dieses Sinnes. Die Entfaltung des 10- und des 6blättrigen Organes erfordert eine besonders feine Seelenpflege, beziehungsweise eine «vollkommene Beherrschung des ganzen Menschen durch das Selbstbewusstsein».

Diese vier «Lotosblumen» werden im Astralleib des Übenden erweckt. Ihre Ausbildung muss aber von einer Steigerung und Erhöhung des ganzen Seelenlebens, so wie dies in der «Vorbereitung» beschrieben ist, begleitet sein. Ohne diese Höherentwicklung könnten sich die neuen Sinnesorgane nur verzerrt entfalten und es würden die nunmehr möglich gewordenen ersten übersinnlichen Wahrnehmungen verfälscht.

Auf einer zweiten Stufe der meditativen Ausbildung neuer Organe sind weitere Eigenschaften zu entwickeln. Der Schüler muss im Bereiche seines Ätherleibes den vorhandenen, unbewusst verlaufenden Tätigkeiten solche hinzufügen, die er selbst voll bewusst aufrufen und lenken kann. Rudolf Steiner schildert, dass in dem Ätherleib neue «Mittelpunkte» und «Strömungen» zu schaffen sind und damit eine neue innere Organisation desselben zu erbilden ist. Dadurch wird den bisher entwickelten übersinnlichen Eigenschaften die Begabung mit dem «inneren Wort» hinzugefügt. «Alle Dinge erhalten nunmehr für den Menschen eine neue Bedeutung. Sie werden gewissermassen in ihrem innersten Wesen geistig hörbar.» Diese ganze Entwicklung muss durch die Entfaltung von vier höheren Seelengewohnheiten (Tugenden) gesichert werden: 1. Die Unterscheidung des Wahren von der Erscheinung. 2. Die richtige Schätzung des Wahren gegenüber der Erscheinung. 3. Das Ausüben der sechs Eigenschaften. 4. Die Liebe zur inneren Freiheit.

Durch diese Tugenden befreit sich der Geistesschüler von der im gewöhnlichen Leben unvermeidlichen Bindung an seine persönliche Natur und bereitet sich damit eine objektive Beziehung zu dem inneren Wesen der Welt vor. Ein völlig neues Leben erschliesst sich ihm, er kann in die geistige Welt eintreten.

Die ersten Erfahrungen in der rein geistigen Welt führen zu einer vertieften Selbsterkenntnis. Als Folge der weiteren meditativen Arbeit offenbart sich neben der niederen Persönlichkeit die Gestalt des wahren, höheren Ich. Rudolf Steiner weist auf die 2blättrige Lotosblume hin. Ist diese in der rechten Weise entwickelt, «so findet der Mensch die Möglichkeit, sein höheres Ich mit übergeordneten geistigen Wesenheiten in Verbindung zu setzen». Damit ist die dritte Stufe des übersinnlichen Erkennens erreicht. Auf ihr erschliessen sich dem Geistesschüler tiefste Erkenntnisse über den Ursprung, die Entwicklung und die Aufgabe seines eigenen Wesens wie auch über die in Mensch und Welt schöpferisch tätigen Geist-Wesenheiten. –

Die für diese drei Stufen durchzuführenden Übungen und Meditationen sind in *Wie erlangt man Erkenntnisse...* in einer mehr allgemeinen Form dargestellt.

Auf Grund der mit seinen Hörern und Lesern durchgeführten Arbeit konnte Rudolf Steiner in der *Geheimwissenschaft* unter neuen Gesichtspunkten weitere Einzelheiten des Schulungsweges vermitteln. Es war ihm jetzt möglich, seine erkenntnistheoretischen Arbeiten den Darstellungen zugrunde zu legen und in verstärktem Masse die volle Bewusstheit und die exakte Führung der Schulungsschritte zu fordern.

Durch meditative Versenkung sind gewisse in der Seele ruhende Fähigkeiten zu erwecken und auszubilden. Rudolf Steiner schildert als Beispiel ausführlich und in Einzelheiten den Aufbau des schon erwähnten Rosenkreuz-Sinnbildes und beschreibt die entsprechende meditative Arbeit. Die das Sinnbild vorbereitenden Gedanken sind auszulöschen, der Schüler soll «lediglich das Bild lebhaft vor sich im Geiste schweben haben und dabei *jene Empfindungen* mitschwingen lassen, die sich als Ergebnis durch die vorbereitenden Gedanken eingestellt haben». Das Sinnbild wird so zum Zeichen, das zu der zugrunde liegenden Geist-Tatsache hinführt, nämlich zu dem Aufsteigen des Menschen vom niederen zum höheren Wesen[54]. Meditationen dieser Art sind an zahlreichen, aber immer vollbewusst aufgebauten Sinnbildern durchzuführen. Lebt sich der Geistesschüler an diesen Zeichen in die übersinnliche Welt ein, so erbildet er sich neue, höhere Wahrnehmungsorgane. «Der Weg, auf den hier hingewiesen ist, führt zunächst zu dem, was man die *imaginative* Erkenntnis nennen kann. Sie ist die erste höhere Erkenntnisstufe[15].»

Um eine «innere Gediegenheit» dieser Erkenntnisstufe zu erreichen, empfiehlt Rudolf Steiner die verstärkte Ausbildung des sinnlichkeitsfreien Denkens. Diese Verstärkung kann auf zwei Wegen erreicht werden: einmal durch das Studium der geisteswissenschaftlichen Forschungsresultate, zum andern durch eine intensive Schulung der Denkfähigkeit, wie dies zum Beispiel in den *Grundlinien...* und in der *Philosophie der Freiheit* aufgezeigt ist. – Noch viel anderes muss die Entwicklung der imaginativen Erkenntnisstufe begleiten. Ein erhöhtes Wachsein für die eigene innere, selbständige Wesenheit wird sich einstellen. Dabei muss aber der Geistesschüler erkennen, dass er zunächst solche Bilder erlebt, in denen er *sich selbst* wahrnimmt und dass solche Imaginationen zuerst nichts anderes sind als die Widerspiegelung des eigenen, durch die Übungen verstärkten Wesens. Er muss deshalb zunächst lernen, durch innere Seelendisziplin den hier auftretenden Täuschungen zu widerstehen, Illusion und Wirklichkeit zu unterscheiden und einen erhöhten Wahrheitssinn auszubilden. Erst wenn diese Bedingungen erfüllt sind, vermag der Schüler auch dasjenige imaginativ zu erleben, was nicht ihm selber, sondern was der Welt angehört. Seine Imaginationen können dann ein Ausdruck von Weltentatsachen sein, in denen er das Tätigsein der geistigen Wesenheiten erlebt.

Durch die nächsthöhere, inspirierte Erkenntnisstufe lernt man die *inneren* Eigenschaften dieser Wesenheiten kennen[15]. Wiederum sind neue Organe, beziehungsweise neue Fähigkeiten zu entwickeln. Rudolf Steiner gibt nun zum ersten Mal eine genaue Beschreibung der für diese Ausbildung durchzuführenden Meditationen. Diese knüpfen nicht mehr wie bei der Imagination an Sinnbilder an, welche aus sinnenfälligen Eindrücken aufgebaut sind, sondern an das in der Seele entfaltete Tun und Schaffen. Als Beispiel wird auf die beim Aufbau des Rosenkreuz-Sinnbildes ausgeübte Tätigkeit hingewiesen. Der Schüler muss das Sinnbild und seine der sinnlich-physischen Welt entnommenen Elemente ganz aus seiner Seele entfernen. Allein die geistige Tätigkeit, durch welche er das Bild aufgebaut hat, darf Inhalt der Meditation sein. So «hat er ein Mittel zu einer solchen Meditation, welche ihn nach und nach zur Inspiration führt». – Als weiteres Beispiel wird die Vorstellung einer entstehenden und vergehenden Pflanze angeführt. Bei früheren Meditationen hat man gelernt, das Wachsen und Verwelken mit allen Einzelheiten in der eigenen Vorstellung nachzubilden. Jetzt ist die sichtbare Pflanze mit ihren Verwandlungen ganz aus dem Bewusstsein zu entfernen, allein die rein geistige Tätigkeit, mit welcher der Aufbau und die Verwandlungen des Vorstellungsbildes durchgeführt wurde, muss Inhalt der Meditation sein.

Das immer wiederholte Versenken in die «bilderzeugende Seelentätigkeit» bildet nach und nach diejenigen Fähigkeiten aus, durch welche das Tun und Schaffen *anderer* Wesenheiten bewusst miterlebt und erkannt werden kann. Rudolf Steiner spricht hier von einem «Lesen» und «Hören». Dieses führt den Geistesschüler zu den Impulsen der göttlich-schöpferischen Wesenheiten; er kann erkennen, wie ihr Zusammenwirken ist und worin ihre Verschiedenheiten, ja Gegensätze urständen. Der Ursprung und die Evolution von Welt und Mensch enthüllt sich auf der inspirierten Erkenntnisstufe.

Die nächste Erkenntnisstufe, die Intuition, führt in das Innerste der Wesenheiten. In der *Geheimwissenschaft* wird nur kurz auf die Meditationen hingedeutet, durch welche diese höchste Erkenntnisstufe entwickelt werden kann. Eine hohe Reife des Geistesschülers muss erreicht sein, wenn er die hier notwendigen Versenkungen berechtigt und in der rechten Art durchführen will.

Weitere Einzelheiten über die Ausbildung der imaginativen, inspirierten und intuitiven Erkenntnisstufe sind von Rudolf Steiner in den nachfolgenden Jahren geschildert worden. Über diese Darstellungen soll im Kapitel «Die Geistes-Wissenschaft» berichtet werden.

Wie bereits ausgeführt, wurde nach dem Jahre 1914 eine neue, den berechtigten Anforderungen der Wissenschaft entsprechende Darstellung des Schulungsweges notwendig. Die zu fordernde Bewusstheit und Exaktheit bringt Rudolf Steiner einmal wie folgt zum Ausdruck: «Nichts wird getan in der menschlichen Seele, was nicht mit derselben inneren Klarheit, Überschaubarkeit und Notwendigkeit gemacht würde, wie es der strengste Mathematiker mit seinen Untersuchungen macht[55].»

In einem Vortrag vom Januar 1916 zeigt Rudolf Steiner an einem Beispiel, wie diesen Bedingungen entsprochen wird[48]. Ausgehend von der Denk-Fähigkeit, schildert er die Ausbildung eines höheren Wahrnehmungsorganes. Man wähle eine bestimmte Vorstellung, zum Beispiel: «Flutendes Licht, und im flutenden Licht Weisheit.» Auf diese soll, unter Ausschluss alles anderen, das ganze lebensvolle Denken konzentriert werden. Führt der Geistesschüler dies, täglich nur wenige Minuten, immer wieder und wieder in der richtigen Art durch, dann wird er nach einer gewissen Zeit eine sich mehr und mehr steigernde Denk-Kraft beobachten können. – Damit tritt ein ganz Neues in seinem Erleben auf. Bisher hatte er seine Denk-Fähigkeit nur zum gedanklichen Erfassen dieser oder jener Inhalte verwendet. Jetzt wird ihm zum ersten Mal die Kraft bewusst, mit welcher er sein Denken betätigt. Er erlebt, wie die «Neugeburt einer gewissen Innenkraft aus dem Denken heraustritt». Diese neue Seelenfähigkeit unterscheidet sich von dem bisherigen Gedankenleben, welches nur Bild-Natur hatte, dadurch, dass man sie als eine flutende, lebendige Realität erlebt.

Der Geistesschüler wird nun seine weitere meditative Arbeit auf diese neu bewusst gewordene Denk-Kraft richten. Der zu Beginn zugrunde gelegte Gedankeninhalt ist nicht mehr das Wichtige. Andere Inhalte könnten an seine Stelle treten. Die «Kraft» muss nun der Inhalt der Meditation sein, mit ihr muss der Schüler immer intimer bekannt werden. Er lernt ihre vielfältige Aktivität kennen, er entwickelt die Fähigkeit, sie ganz bewusst anzuwenden, sie auf diese oder jene Geisttatsache hinzurichten und, da sie seine innere Tätigkeit ist, sich selbst in dieser Geisttatsache innerlich zu erleben. In einem später gegebenen Vortrag sagt Rudolf Steiner: «Man lernt ein Denken kennen, in dem man sich fühlt als in einem Kraftträger des eigenen menschlichen Wesens.» Diese reale Seelenkraft könne an andere Geisttatsachen «anstossen», diese umfassen, in sie eintauchen. «Man kann also mit einem langgestreckten (geistigen) Tastorgan in der geistigen Welt ... herumtasten, oder man kann zurückziehen, wenn es geistig weh tut[29].»

Damit ist einer der Wege, auf welchen das Denken in ein höheres Wahrnehmungsorgan umgewandelt werden kann, dargestellt. Durch andere entsprechend gestaltete Meditationen können ähnliche Umbildungen des Fühlens und Wollens erreicht werden. Der Geistesschüler stösst mit diesen Erlebnissen durch das ihm durch Geburt und Erziehung gegebene Denken,

Fühlen und Wollen hindurch und betritt zum ersten Mal vollbewusst denjenigen seelisch-geistigen Bereich, aus dem heraus diese Seelenkräfte betätigt werden. Dieser Bereich ist ihm bisher durch das gewöhnliche Denken, Fühlen und Wollen «zugedeckt» worden.

Rudolf Steiner macht auch hier wieder darauf aufmerksam, dass das Eintreten in diesen Bereich nicht einseitig, also zum Beispiel nur durch eine Erkraftung und Erweiterung des Denkens vollzogen werden darf. Parallel zu dessen Verwandlung müssen auch die Willens- und Gefühlskräfte umgebildet werden. Nur so können die höheren Organe harmonisch und im Gleichgewicht ausgestaltet werden, um eine unverzerrte und wahrheitsgemässe Wahrnehmung von übersinnlichen Tatsachen und Vorgängen zu erreichen. (Weiteres hiezu wird im Kapitel *Die Geistes-Wissenschaft* berichtet.)

Leibfreies Seelenleben

Während der Ausbildung der höheren Organe und Eigenschaften muss eine völlige Unabhängigkeit derselben von den Prozessen der Leibesorganisation nicht nur angestrebt, sondern erreicht sein. – Im tätigen Geist-Erleben durchdringen sich die drei Stufen: das sinnlichkeitserfüllte, das sinnlichkeitsfreie und das leibfreie Seelenleben. Der Geistesschüler muss aber diese Stufen klar unterscheiden und die jeweils notwendige durch einen eigenen, bewussten Willensakt aufrufen können.

Auf diese Forderung hat Rudolf Steiner schon sehr früh aufmerksam gemacht. «Niemand kann Okkultist werden, der nicht in sich den Übergang von Sinnlichkeit-erfülltem zu Sinnlichkeit-freiem Denken vollziehen kann.» Ein im Geistbereich forschender Mensch müsse aber noch ein Weiteres erreichen. «Er muss auch den Übergang finden von dem Sinnlichkeitfreien Denken in der Form zu dem formlosen Denken[14a].» Erst dann vermöge er aus den unteren in die oberen Bereiche der Geistwelt aufzusteigen. – Da damals, wie auch heute noch, von vielen Denkern die Möglichkeit der Ausbildung und bewussten Betätigung leibfreier Seelenfähigkeiten bezweifelt wurde, hat Rudolf Steiner in ausgedehnten erkenntnistheoretischen Arbeiten nachgewiesen, dass solche Zweifel unberechtigt und unhaltbar sind. Neben seiner *Philosophie der Freiheit* sind besonders zu erwähnen die Schlusskapitel in Band II der *Rätsel der Philosophie*[25] und in *Menschenrätsel*[56], ebenso die auf Seite 24 angeführte Aufsatzreihe in der Zeitschrift *Das Reich* wie auch die diesbezüglichen Ausführungen in *Seelenrätseln*[19]. Der Geistesschüler kann und muss die Fähigkeit entwickeln, nicht nur die durch seine leiblichen Organe vermittelten Sinneseindrücke und deren Nacherlebnisse von seinem Erleben fern zu halten, sondern auch jede Beeinflussung durch Stoffesprozesse auszuschalten.

Unter den verschiedensten Gesichtspunkten ist von Rudolf Steiner das leibfreie Seelenleben wiederholt geschildert worden. So zum Beispiel in einem Aufsatz *Goethe und Goetheanum*[57]. Dort wird in Anknüpfung an das gegenständliche Denken Goethes gesagt: « ‹Gegenständlich› ist das Denken, wenn es so mit dem Wesen der Sinneserscheinungen verwachsen kann, dass dieses Wesen in ihm nachklingend erlebt wird. ‹Geistbelebt› wird das Denken, wenn es in sein eigenes Strömen und Wehen den Geist aufzunehmen vermag. Dann wird das Denken geisttragend, wie die auf die Sinnenwelt gerichtete Vorstellung Farben- oder Ton-tragend wird. Das Denken metamorphosiert sich dann zur Anschauung. Mit dieser Metamorphose ist aber das Denken leibbefreit geworden.»

Im *Lebensgang*[3] werden drei Stufen der menschlichen Erkenntnis aufgezeigt. Die erste Stufe ist an den leiblichen Organismus gebunden; die auf ihr gebildeten Begriffe sind an der Sinnesbeobachtung gewonnen. Bei der zweiten Stufe, der ideell-geistigen Erkenntnis, werden im Innern erlebte und damit von den Sinnen unabhängige Begriffe gebildet. Zwar ist hier der einzelne Erkenntnisakt nicht an den Leib gebunden, doch bleibt das *Leben* dieser ideell-geistigen Erkenntnis von dem Organismus als Ganzem noch abhängig. Die dritte Art der Erkenntnis, das wesenhafte Erleben der Geistwelt, kann erst dann zustande kommen, wenn der Menschengeist sich von jeglicher Bindung an den physischen Organismus frei gemacht hat, also leibfrei tätig ist.

Eine in diesem Zusammenhang ausserordentlich wichtige Charakterisierung des vom Leibe frei gewordenen Denkens findet sich in einem 1918 geschriebenen Nachwort zu *Wie erlangt man Erkenntnisse*...: «Für die hier gemeinte übersinnliche Seelenbetätigung ist es ausserordentlich bedeutsam, in voller Klarheit das Erleben des reinen Denkens zu durchschauen. Denn im Grunde ist dieses Erleben selbst schon eine übersinnliche Seelenbetätigung. Nur eine solche, durch die man noch nichts Übersinnliches schaut. Man lebt mit dem reinen Denken im Übersinnlichen; aber man erlebt nur *dieses* auf eine übersinnliche Art; man erlebt noch nichts anderes Übersinnliches. Und das übersinnliche Erleben muss sein eine Fortsetzung desjenigen Seelen-Erlebens, das schon im Vereinigen mit dem reinen Denken erreicht werden kann[1].»

Damit ist das Wesen, aber auch die Grenze des reinen Denkens ausgesprochen. Ein erstes Herausgehen aus der Leiblichkeit und ein erstes übersinnliches Erleben ist mit diesem reinen Denken gegeben. Soll das übersinnliche Erleben auch auf weitere Seelengebiete, auf andere Tatsachen und Vorgänge der höheren Welten ausgedehnt werden, so sind durch die oben berichteten Übungen und Meditationen die notwendigen übersinnlichen Organe und Erkenntnisfähigkeiten auszubilden. Dabei muss die an der Entwicklung des leibfreien, reinen Denkens erworbene Exaktheit und Bewusstheit streng beibehalten werden. – Auf Beispiele des leibfreien Fühlens und Wollens wird im Kapitel «Die Geistes-Wissenschaft» einzugehen sein.

Das Überschreiten der Schwelle

In den vorausgehenden Darstellungen wurde von den Veränderungen berichtet, welche sich als Folge der Übungen und Meditationen im Seelen- und Geistorganismus des Geistesschülers ergeben. Neue Organe für die Wahrnehmung der höheren Welten konnten in seinem Astralleib erweckt werden. Durch eine entsprechende Umgestaltung des ätherischen Leibes wurde die Fähigkeit ausgebildet, die Verwendung dieser Organe «selbständig, mit vollem Bewusstsein zu regeln und zu beherrschen»[1]. Ist dies in zureichendem Masse erreicht, so sind die Voraussetzungen für ein gesichertes Eintreten in die übersinnlichen Welten auf erster Stufe erfüllt.

Der Geistesschüler hat während dieser Entwicklung zuerst ahnend, dann immer deutlicher eine Schwelle erlebt, die zwischen der physisch-sinnlichen und der übersinnlichen Welt liegt. Vor dem Überschreiten dieser Schwelle lebt er im Bereiche der äusseren Natur, nimmt diese mit seinen leiblichen Sinnesorganen wahr und durchdringt die Wahrnehmungen mit seinen Verstandesbegriffen. Jenseits dieser Schwelle kann er – wenn die entsprechende höhere Bewusstseinsstufe entwickelt ist – ein erstes, unmittelbar an die physisch-sinnliche Welt anschliessendes Gebiet der übersinnlichen Welt erleben.

Will er über diesen ersten Bereich hinaus in noch höhere Geistgebiete vordringen, so müssen weitere Bewusstseinsstufen ausgebildet und weitere Schwellen überschritten werden. Solche Schwellenübertritte sind mit ernsten, inneren Prüfungen und einschneidenden Erlebnissen verbunden. Es ist verständlich, dass Rudolf Steiner dem gegenwärtigen Menschen vor allem das Erleben an der ersten Schwelle wieder und wieder beschreibt, denn «es muss für eine richtige Abschätzung des Unterschiedes der geistigen von der physisch-sinnlichen Welt gerade dieses Grenzgebiet zwischen den beiden Welten scharf ins Seelenauge gefasst werden»[21]. Die Vorstellungen, Begriffe und Ideen, welche an der gesetzmässig ablaufenden physisch-sinnlichen Welt ausgebildet werden, erweisen sich für die Bereiche der seelisch-geistigen Welt als unzureichend, ja irreführend. In dieser Welt wirken geistige Wesenheiten, sie vollziehen freie Schöpfer- und Opfertaten. Für das Erleben und Erkennen dieser Wesenswelt sind die neuen Kräfte und Fähigkeiten notwendig, deren Entwicklung in den vorausgehenden Kapiteln geschildert wurde. Dazu kommt nun, dass der Schüler lernen muss, durch eigenen Willensentschluss sich von der gewöhnlichen Bewusstseinsstufe in die höhere zu versetzen und wiederum durch eigenen Willensentschluss von dieser in die erstere zurückzukehren. Des Weiteren wird er sehr sorgfältig darauf achten müssen, dass seine Seele im höheren Bewusstseinszustande gemäss den Gesetzen der übersinnlichen Welt lebt und dass er, zurückgekehrt in das gewöhnliche Bewusstsein, sich wiederum entsprechend den in der physisch-sinnlichen Welt gegebenen Gesetzen und Verpflichtungen verhält, aber dennoch die Früchte seines höheren Erlebens in diese Welt mitbringt.

Mahnungen und Gebote dieser Art sind nicht das Ergebnis von Gedankenverbindungen oder erahnten moralischen Forderungen. Ein ganz neues Erlebnis erwächst dem Geistesschüler: Er schaut sein eigenes Wesen tiefer und ohne Illusion und steht mit unerbittlicher Wahrhaftigkeit sich selbst gegenüber. Mit dieser Selbst-Schau begegnet er – zumeist zum ersten Mal in voller Bewusstheit – einem übersinnlichen Wesen, «das sorgsam Wache hält an der Grenzscheide, die beim Eintritt in die übersinnliche Welt überschritten werden muss. Diese, im Menschen steckende geistige Wesenheit, die man selbst ist, die man aber so wenig durch das gewöhnliche Bewusstsein erkennen kann, wie das Auge sich selbst sehen kann, ist der ‹Hüter an der Schwelle› »[20]. Von solchen Hüterwesen ertönen die angedeuteten Ermahnungen; von ihnen gehen auch jene Kräfte aus, welche verhindern, dass ungenügend vorbereitete, unreife Menschenseelen in die übersinnlichen Welten eintreten.

Es ist schon erwähnt worden, dass bei dem Aufsteigen zu höheren Geistbereichen weitere Schwellen zu überschreiten sind. Damit sind auch neue Hüterbegegnungen verbunden. Schon in *Wie erlangt man Erkenntnisse . . .* schildert Rudolf Steiner, dass es nicht nur einen, sondern im wesentlichen zwei, den kleinen und den grossen Hüter der Schwelle gibt. Das erste Wesen stehe vor «den unteren Gebieten der übersinnlichen Welt», das zweite «vor der Pforte zu den höheren» Welten[1]. Die diesbezügliche Darstellung in der *Geheimwissenschaft*[15] ruft dem Schüler ins Bewusstsein, wie seine Neigungen, Sympathien, Antipathien, Leidenschaften usw. sich um sein «Ich» gruppieren. Was so in ihm wirksam ist, stellt sich dem geschulten Menschen im Bilde eines «Doppelgängers» dar. Dieses Bild des Unvollkommenen und Bösen in der eigenen Seele kann Furcht und Schrecken aufsteigen lassen. Ein für die weitere Entwicklung notwendiges, immerwährendes Kämpfen mit diesem Doppelgänger stärkt und festigt die Kräfte des neugeborenen, höheren Ich. Die durch diesen Kampf erworbene Sicherheit des Urteilens, die Entfaltung des vertieften Gefühls- und Charakterlebens befähigt den Menschen, an dem kleinen Hüter vorbeizuschreiten.

Eine neue Stufe des Geist-Erlebens wird nun möglich. Der Schüler wendet sich von dem, «was man ist», zu dem, «was man werden soll». Der grosse Hüter wird erlebt; er fordert die Arbeit am anderen Menschen und für den anderen Menschen. Er mahnt: «Ich wehre dir daher den Einlass in die höchsten Gebiete der übersinnlichen Welt, solange du nicht *alle* deine erworbenen Kräfte zur Erlösung deiner Mitwelt verwendet hast.» Dieser grosse Hüter wird das Vorbild, dem der Schüler nachstrebt. Es ist das Christus-Wesen, welches sich in dieser Gestalt offenbart. Ein Leben und Wirken für die Entwicklung der ganzen Menschheit beginnt auf dieser Stufe.

Unter einem etwas anderen Gesichtspunkte schildert Rudolf Steiner diese beiden Hüter-Wesen in den Vorträgen *Makrokosmos und Mikrokosmos*. Er spricht von zwei Toren, welche der Geistesschüler zu durchschreiten hat. «Vor dem einen steht der kleine Hüter der Schwelle und an dem anderen der grosse Hüter der Schwelle. Das eine Tor führt in den Geist des menschlichen Inneren, in den Geist des Mikrokosmos; das andere in den Geist des Makrokosmos[54].» – In den Jahren 1923 und 1924 hat Rudolf Steiner bei der Schilderung der früheren Mysterienstätten weitere Einzelheiten über das Grenzgebiet zwischen der physisch-sinnlichen und der übersinnlichen Welt gegeben und die Bedingungen für ein richtiges Eintreten in die geistige Welt neu aufgezeigt[42,58].

Jeder Schritt auf dem Wege zur höheren Entwicklung bringt auch eine Verstärkung der Widersachermächte. So treten an der Schwelle die luziferischen und die ahrimanischen Wesenheiten dem Menschen in weit stärkerem Masse entgegen, als sie dies in der physisch-sinnlichen Welt tun. Es sei aber – so wird gezeigt – nicht richtig, diese Gegenmächte wegschaffen oder austilgen zu wollen. Der Geistesschüler müsse vielmehr lernen, das richtige Verhältnis zu ihnen zu finden, das richtige Gleichgewicht zwischen ihnen zu halten[21].

Die Einweihung

Wie berichtet, sind neue, jeweils höhere Bewusstseinsstufen die Voraussetzung für das richtige Überschreiten der verschiedenen Schwellen. «Die Erweckung der Seele zu einem solchen höheren Bewusstseinszustand kann *Einweihung* (Initiation) genannt werden.» Durch das, was sich bei einer solchen Erweckung vollzieht, werden die bis zu diesem Zeitpunkt erübten Eigenschaften so tief und bleibend in die Wesensglieder des Schülers eingeprägt, dass sie nunmehr als bewusst zu betätigende Erkenntnisfähigkeiten, auch als neue Gefühlsfähigkeiten und neue Willensfähigkeiten zum Erleben und Erkennen der übersinnlichen Welten verwendet werden können.

Der Einweihungs-*Vorgang* hat sich im Laufe der Menschheitsentwicklung einschneidend verändert. In den alten Mysterienstätten wurde die Einweihung unter strenger Geheimhaltung von hochentwickelten Priestern vollzogen. Eine jahrelange Schulung des Einzuweihenden musste vorausgehen. Waren die entsprechenden Fähigkeiten in ihm entwickelt, dann konnte die Einweihung durchgeführt werden. Der Schüler wurde durch die Priester während dreieinhalb Tagen in einen todähnlichen Schlaf versetzt. Sein Ätherleib wurde – was in jenen Zeiten noch möglich war – aus dem physischen Leib herausgehoben. In den so von der Begrenzung durch den physischen Leib befreiten Ätherleib konnte das im Astralleib Ausgebildete eingeprägt werden. Das geistige Wesen des Einzuweihenden durchwanderte dann unter der Führung des Initiators in voller Wirklichkeit «die geistigen Welten, wo die höheren Wesenheiten sind. Und nach diesen dreieinhalb Tagen rief ihn derjenige, der ihn eingeweiht hatte, wiederum zurück ... Da brachte der Betreffende mit das Wissen der geistigen Welt. Jetzt konnte er hineinschauen in diese geistige Welt, und nun konnte er werden ein Verkünder der Tatsachen der geistigen Welt für seine Mitmenschen»[59].

Ein Mensch jener Zeiten konnte nicht aus eigener Entscheidung Schüler einer Mysterienstätte werden. Auf Grund langer, sorgfältiger Beobachtung der Bevölkerung riefen die Priester geeignete Menschen in die Mysterienstätte. Abgesondert vom äusseren Leben wurde die vorbereitende Schulung wie auch der spätere Einweihungsakt in Gemässheit der besonderen Mission der jeweiligen Mysterienstätte gestaltet. Dadurch ergab sich eine enge Bindung des Geistesschülers an die Leitung der Mysterienstätte. Diese wurde noch verstärkt dadurch, dass bei dem damaligen Einweihungsakt der Schüler ganz unter dem Einfluss seines Initiators stand. Dieser lenkte die Einweihungserlebnisse und auch die Wanderung durch die Geistwelt im Sinne der besonderen Erkenntnisaufgabe und Führungsmission seines Mysteriums.

Die weitere Entwicklung der Menschenwesen musste zu einem Abklingen solcher Einweihungsformen führen. Die Verbindung zwischen dem physischen und dem ätherischen Leibe wurde dichter, das Herauslösen des Ätherleibes während der Einweihung immer gefährlicher und zuletzt als Hilfe zur Einweihung unmöglich. Das bisher bestimmende Gruppen-Ich trat zurück, und es entwickelte sich, zuerst in der Form eines Ich-Gefühls, das Bewusstsein des individuellen Ich. Die während der alten Einweihung bewirkte Trübung des Ich musste aufhören, mehr und mehr sollte die Initiation bei voller Aufrechterhaltung des Ich-Bewusstseins durchgeführt werden.

Mit dem Erdenleben des Jesus-Christus, mit dem Kreuzigungstod auf Golgatha und mit der Auferstehung ist das *zentrale* Ereignis der ganzen Menschheitsentwicklung gegeben.

Eine grosse, seelisch-geistige Metamorphose ging mit ihm durch alles Mysterienwesen. Das neu entstandene «Mysterium von Golgatha» führt nunmehr den Menschen zu einer bei vollem, ja erhöhtem Bewusstsein vollzogenen Einweihung. Der Geistesschüler unserer Zeit muss sich durch eigene, innere Aktivität die Voraussetzungen für die Einweihung und für dieses erhöhte Bewusstsein erarbeiten. Die Kraft, welche für diese Entwicklung notwendig ist, wird dem wahrhaft strebenden Menschen durch das Christus-Wesen gegeben. Rudolf Steiner zeigt in vielen Darstellungen auf, wie erst durch das Christus-Mysterium das selbstbewusste Ich in die Menschenseele gekommen ist und dass dieses im Verlaufe der künftigen Erdenentwicklung nach und nach in die Geheimnisse der geistigen Welten eindringen wird. Was sich früher in der Abgesondertheit der alten Mysterienstätten vollzogen hat, ist durch das Mysterium von Golgatha dem strebenden Menschen im hellen Bewusstseinslichte zugänglich geworden. – In kurzen Skizzen soll im folgenden von den nach dem Mysterium von Golgatha entwickelten Einweihungswegen berichtet werden.

Der christliche Einweihungsweg

Der christliche Einweihungsweg ist «der Methode nach in dem tiefsten, christlichen Buche, ... im Johannes-Evangelium»[60] vorgezeichnet. Die vorbereitende, meditative Arbeit richtet sich auf eine besondere Ausbildung des Gefühls. Dem Astralleib erwachsen dadurch neue Kräfte; besondere innere Seelenorgane bilden sich in ihm. Die so entwickelten Eigenschaften konnten, als Folge der Christus-Tat, ohne den dreieinhalb Tage dauernden lethargischen Schlaf in den Ätherleib eingeprägt werden. Dieser musste nicht mehr aus dem physischen Leibe herausgehoben und von diesem abgetrennt werden[61]. Die Einweihung vollzog sich bei vollem Bewusstsein. « ‹Wachet und betet›, das ist der christliche Grundsatz. Im Wachzustand verläuft diese neue Einweihung.»

Die Grundvoraussetzung für diesen Schulungsweg ist ein das ganze Leben des Schülers durchdringender und zu einer starken Kraft sich entfaltender *Glaube* an den Jesus-Christus. Die einzigartige Wesenheit dieses Gottesmenschen muss die ganze Seele erfüllen. Der Schüler hat durch Wochen, Monate, vielleicht Jahre hindurch täglich während längerer Zeit bestimmte Meditationsinhalte, zum Beispiel die ersten Sätze des Johannes-Evangeliums, in seiner Seele leben zu lassen. Blind und taub soll er für alles sein, was in dieser Zeit um ihn herum vorgeht. Nicht nur der Sinn der Sätze, auch die Satzbildung, die Lautgestaltung muss zutiefst erlebt werden[62]. Diese Schulung sei, so sagt Rudolf Steiner, ein entsagungsreicher Weg; er müsse, losgelöst vom äusseren Leben, ganz in der Stille begangen werden.

Die Steigerung der Gefühlserlebnisse wird auf sieben Stufen vollzogen. Auf der ersten Stufe schaut der Schüler zum Beispiel auf den Menschen, das Tier, die Pflanze und das Mineral. Er erlebt, dass das Höhere nur bestehen kann, wenn das weniger Entwickelte die Grundlage dafür gibt. Tiefste Dankbarkeit, eine All-Demut erfüllt ihn. Die Bereitschaft zum Dienen wird innerlichste Lebenskraft; das Bild der «Fusswaschung» ersteht in seiner Seele. – Dann ruft der Schüler in sich alles auf, was in ihm und in anderen Menschen als Leiden und Schmerzen auftreten kann. In langen Übungen entwickelt er die Seelenkraft – trotz des auf ihn eindringenden Übermasses an Schmerz und Leid, das er als eine «Geisselung» erleben muss – standhaft und aufrecht im Leben zu stehen. – Er erfährt, wie das Heiligste in ihm und in der Welt unablässig dem Hohn und dem Spott ausgesetzt ist. Er erbildet sich die Kraft, diesem Heiligsten treu zu sein und trotz der erlittenen Peinigung, der «Dornenkrönung», stark zu bleiben. – Das Verhältnis zu seiner Leiblichkeit gestaltet sich neu. Diese wird ihm fremd wie ein Äusserliches, sie ist nur Kleid, nur Werkzeug. An dieses Werkzeug ist er aber gefesselt; er erlebt diese Fesselung als eine «Kreuzigung». Es wird ihm deutlich, dass sein Gefühlserleben sich jetzt so weit entwickelt hat, dass dieses bis in den Fleischesleib hineinwirken kann. Es können «für Augenblicke während der Meditation» die Wundmale Christi auftreten[62]. – Die nächsthöhere, fünfte Stufe führt zu dem «mystischen Tod». Alles Physisch-Sichtbare verschwindet, dichteste Finsternis wird erlebt. Da zerreisst der verhüllende Vorhang. Die Schülerseele hat alles Unheil, alles Böse, alle Sünde in wahrhafter Gestalt vor sich und in sich. Sie muss es ganz erleben und ein Hinuntersteigen in die Hölle durchmachen. – Das Erleben des physischen Leibes weitet sich nun zum Erleben der ganzen Erde aus; die Menschenseele ist mit dem ganzen Erdenplaneten verbunden. Ein Erdenbewusstsein entsteht in ihr. «Grablegung und Auferstehung» wird erlebt. Die Menschenseele entringt sich der alten Leiblichkeit und macht sich bereit, den neuen, gereinigten Leib, das Phantom, nach und nach zu empfangen[63]. – Rudolf Steiner macht darauf aufmerksam, dass für eine Schilderung solcher Stufen, insbesondere der letzteren, der «Himmelfahrt», die menschliche Sprache nicht mehr ausreicht. Es fehlen die Vorstellungen und die Worte, um das Eingehen zur vollkommenen Göttlichkeit wahrhaft zum Ausdruck zu bringen.

Mit der so aufgerufenen Gefühlsvertiefung konnte der damalige Schüler die Schwelle überschreiten und in die geistigen Welten eintreten. Er wurde durch die imaginativen Bilder der einzelnen Stufen: Fusswaschung, Geisselung, Dornenkrönung, Kreuzigung, mystischer Tod, Grablegung und Auferstehung, Himmelfahrt ganz besonders zu einem Miterleben des Mysteriums von Golgatha hingeführt. Es war ein Miterleben, welches ihm allein durch sein inneres Erleben, ohne Stütze auf überlieferte Dokumente, zuteil wurde. So wurde bewirkt, dass er nicht nur stark und frei in der sinnlichen und in der übersinnlichen Welt stehen konnte, sondern dass er auch zu Taten hingebungsvoller Liebe fähig war. – In einer Nachbemerkung zur *Geheimwissenschaft* weist Rudolf Steiner auf diesen «Gefühlsweg» hin, muss aber hinzufügen: «Doch ist er für den gegenwärtigen Menschen innerhalb der gewöhnlichen Lebensbedingungen nicht leicht durchzuführen. Einsamkeit, Zurückgezogenheit von dem Leben der Gegenwart ist dabei fast unerlässlich[15].»

Der rosenkreuzerische Einweihungsweg

Im 12., 13. Jahrhundert mussten führende Geistes-Lehrer erkennen, dass durch die fortschreitende Entwicklung des Menschenwesens ein neuer Einweihungsweg notwendig werde. Sie schauten voraus, dass in den kommenden Jahrhunderten der Mensch sich immer mehr der Betrachtung und Erforschung der sinnlich-physischen Welt zuwenden wird und damit in erhöhtem Masse eine innere Selbständigkeit erleben kann. Das Gefühl der Freiheit wird sich regen; Glauben und Wissen, bis jetzt eng verbunden, werden sich unvereinbar gegenüberstehen und bittere Zweifel in dem Menschen aufleben lassen. «Durch die christliche Schulung würde er diesen Zweifeln nicht in der richtigen Weise begegnen können, sich nicht zu schützen und verteidigen wissen[62].»

Rudolf Steiner schildert die wundersamen irdischen und überirdischen Geschehnisse, welche im 13. und 14. Jahrhundert mit dem Auftreten des Christian Rosenkreuz und mit der Ausgestaltung der neuen Rosenkreuz-Einweihung verbunden sind. Die Form dieser Einweihung steht keineswegs in Widerspruch zum christlichen Weg. Den veränderten Verhältnissen gegenüber müssen aber neue Kräfte und Fähigkeiten ausgebildet werden. Weil in der kommenden Entwicklung die geistige Ich-Kraft des Menschen nicht nur die innere Führung zu übernehmen hat, sondern auch das äussere, soziale Leben gestalten soll, darf die Schulung nicht mehr in Einsamkeit, in Zurückgezogenheit vom Leben durchgeführt werden. Es ist «gerade das Wesentliche, dass bei der Rosenkreuzerschulung die Entwickelung so ist, dass der Mensch nicht herausgerissen wird aus der Tätigkeit, die sein Karma auf Erden von ihm verlangt»[64].

Der Rosenkreuzer-Eingeweihte ist seinem Schüler nicht ein mit zwingender Autorität wirkender Priester, sondern ein Freund und Lehrer. Er gibt Ratschläge, greift aber nicht in die Selbständigkeit, insbesonders nicht in die Willenssphäre des Schülers ein. Die notwendige Stärkung und Umwandlung der Seelenkräfte muss der Schüler durch eigene, geistbegründete Aktivität herbeiführen. Ein solcher Eingeweihter war nicht mehr wie früher mit weithin bekannten Mysterienstätten verbunden. Er stellte sich auch nicht durch eine besondere Bekleidung oder durch irgendwelche äussere Zeichen in das Bewusstsein seiner Mitwelt. Er war tätig als anspruchsloser, in aller Bescheidenheit lebender Mensch; seine Schüler fanden sich da und dort zusammen, so wie es sich aus den Lebensverpflichtungen ergeben konnte. – In der Zeit ihres ersten Wirkens, im 13., 14. Jahrhundert, haben besonders veranlagte Rosenkreuzer die Offenbarungen aus der geistigen Welt noch wie in einem Traumzustand erlebt. Sie berichteten davon in symbolischen Bildern. Andere Rosenkreuzer konnten diese Bilder aufzeichnen und dem Verstehen zugänglich machen. Symbole dieser Art wurden dann den Schülern zur meditativen Erarbeitung gegeben[58]. Rudolf Steiner schilderte, dass dies damals berechtigt war, denn die menschliche Leiblichkeit war noch nicht so verhärtet und der Ätherleib hatte noch eine grosse Sensitivität. Dies ist durch die Entwicklung der Bewusstseinsseele anders geworden. Heute kann die Verwendung von fertigen Symbolen zu ernsten Gefahren führen.

Das 15. Jahrhundert brachte den Übergang zu der neueren Zeit. Das Begrifflich-Abstrakte trat in den Vordergrund, die Himmelserscheinungen wurden berechnet, und die Erde betrachtete man nur noch als stoffliches Gebilde. Die menschliche Leiblichkeit verhärtete sich, die Sensitivität des Ätherleibes trat zurück. Der Mensch war mehr und mehr auf seinen an das physische Gehirn gebundenen Verstand angewiesen. Damit begann der gewaltige Kampf um das wahre, geistige Wesen von Mensch und Welt.

Die Rosenkreuzerschulung musste jetzt so ausgestaltet werden, dass die für diesen Kampf notwendigen Kräfte und Fähigkeiten vorbereitet und entwickelt werden konnten. Zu der im christlichen Schulungsweg gepflegten Gefühls-Vertiefung musste deshalb hinzukommen ein Verstehen und Begreifen, ein Erfassen und Einsehen der geistigen Offenbarungen. Der Schüler soll künftig zum Beispiel das Christus-Wesen nicht nur mystisch in seiner Seele fühlen, er soll es auch verstehen und begreifen und dadurch dessen Grösse und Bedeutung für das Weltgeschehen voll bewusst in sein ganzes Wesen aufnehmen und vertreten. Diese neue Art des Erarbeitens und Erlebens ist für den ganzen Lebensbereich zu pflegen, also sowohl der sinnlich-physischen wie auch der seelisch-geistigen Welt gegenüber. Rudolf Steiner drückt das Wesentliche der im neuen Rosenkreuzerweg gegebenen Anweisungen einmal in folgender Art aus: «Durch eine ganz besondere Art moralischer Kultur, durch eine besondere Art geistiger Kultur muss das gewöhnliche Gefüge von physischem Leib, Ätherleib, Astralleib und Ich anders gemacht werden, als es von Natur aus ist... Das geistige Gefüge, durch das der Ätherleib und der physische Leib des Menschen zusammenhängen, (ist) zu lockern, so dass nicht mehr so fest, als es uns von Natur aus gegeben ist, unser Ätherleib in den physischen Leib hineingefügt bleibt.» Der gelockerte Ätherleib muss «als eine selbständige Wesenheit, als ein selbständiges Erkenntniswerkzeug und auch Gefühls- und Willenswerkzeug»[63] ausgebildet werden. – Die dem Rosenkreuzerweg gemässen Übungen und Meditationen hat Rudolf Steiner mehrfach geschildert. Auf sieben Stufen wird die Verwandlung und Höherentwicklung des Menschenwesens angestrebt. (Die nachfolgende Beschreibung dieser sieben Stufen ist eine Zusammenfassung aus Vorträgen der Jahre 1906 und 1907[62].)

Auf der ersten Stufe, dem «Studium», ist ein klares, zielbewusstes Denken auszubilden. Vorurteilsvolles, verworrenes Denken muss ausgemerzt werden, und ein gesundes Urteilen über Geistzusammenhänge von Mensch und Welt ist zu entwickeln.

Dies geschieht am besten durch gründliches Erarbeiten von Gedankeninhalten, welche nicht der physischen, sondern der geistigen Welt entnommen sind. Die gegebenen Offenbarungsinhalte sind zunächst in dieser Art zu erfassen. Das dadurch entwickelte sinnlichkeitsfreie Denken und Urteilen wird dem Schüler in den ersten Bereichen der übersinnlichen Welt ein sicherer Führer sein müssen. – Die zweite Stufe wird «Aneignung der Imagination» genannt. Die Tatbestände der physischen Welt müssen als Bild, als Gleichnis gesehen werden. Der Schüler wurde darauf hingewiesen, dass er durch eine Träne oder durch ein Lächeln im Antlitz eines anderen Menschen wahrnimmt, was in dessen Seele vorgeht. In derselben Weise soll er den Kristall, die Pflanze, das Tier betrachten, und Farbe, Form, Bewegung als Bild für die darin sich offenbarende seelisch-geistige Wirksamkeit erfassen. So wird die Fähigkeit ausgebildet, die Erscheinungen – sowohl die physisch-sinnliche Wahrnehmung als auch das in der eigenen Seele Aufsteigende – nicht als «Wirklichkeit» festzuhalten, sondern als etwas, das auf höhere Tatbestände und Geschehnisse hinweist. Der Schüler lernt so, wie er die im Verlaufe seiner Übungen auftretenden Imaginationen aufzufassen, zu erleben hat. – Die dritte Stufe führt zur «inspirierten Erkenntnis», zum «Lesen der okkulten Schrift». Imaginative Bilder dürfen nicht vor der suchenden Seele stehen bleiben. Der übersinnliche Tatbestand des einzelnen Bildes ist wie ein Buchstabe, der mit anderen Buchstaben zusammen ein Wort ergibt, welches Wesens-Tatsachen und Wesens-Evolutionen enthüllt. Ein Hören, ein Lesen der Weltensprache muss in der Schülerseele entwickelt werden. Dazu ist jene besondere Seelenhaltung notwendig, in welcher Inspiration sich ereignen kann. – Eine «Rhythmisierung des Lebens» ist auf der vierten Stufe zu verwirklichen. Sie wird oft auch als «Auffinden des Steines der Weisen» bezeichnet. Es sind hier nicht mehr nur einzelne Seelenfähigkeiten auszubilden; der Schüler muss sein *Leben*, und zwar bis in die Vorgänge seines leiblichen Organismus hinein, neu gestalten. Früher stand hier die Regelung des Atems im Vordergrund. Später musste aber der Hauptwert auf andere, im Seelengebiete liegende Rhythmisierungen gelegt werden. Am wichtigsten ist die rhythmische Gestaltung der eigentlichen Schulungsarbeit, der Übungen und Meditationen. Vermag der Schüler durch lange, lange Arbeit diese neue, äussere und innere Lebensgestaltung zu verwirklichen, so ändert sich auch die «Alchimie» seines physischen Leibes, «der Mensch lernt, sein Fleisch auch physisch zu reinigen». Die stoffliche Beschaffenheit seines Leibes wird anders. Der «Stein der Weisen» wird bereitet. – Die fünfte Stufe, «Das Erkennen des Menschen als Mikrokosmos», führt zur vertieften Selbsterkenntnis. Der Schüler wird angewiesen, sich mit Hilfe der bis jetzt erworbenen Seelenfähigkeiten auf bestimmte Organe seines physischen Leibes meditierend zu konzentrieren. Das meditative Erleben zum Beispiel des Auges wird ihn zur Erkenntnis des vom Makrokosmos einstrahlenden Lichtes führen und ihn darüber hinaus das Wesen der Sonne und den Gang ihrer Evolution erfassen lassen. Durch Meditationen dieser Art erlebt er, wie der menschliche Organismus aus der kosmischen Welt herausgestaltet und in allen seinen Prozessen mit dieser verbunden ist, leiblich, seelisch und geistig. Aus dem konkreten Aufsuchen solcher Zusammenhänge erwächst ihm eine wahrhafte Erkenntnis des eigenen Wesens. – Hat der Schüler sich so als Mikrokosmos erkannt, so kann er auf der sechsten Stufe die «Erkenntnis des Makrokosmos» anstreben. Er muss über sich selbst hinausgehen, «sich seiner selbst entäussern und alles Eigene zurücklassen» und kontemplativ mit der ganzen Welt zusammenwachsen. Einen Kristall, eine Blume erlebt er nun wie ein Glied seines eigenen Körpers. Solche aus Kosmos und Erde gebildeten Schöpfungen erweisen sich als zu ihm gehörend, sie sind ein Teil seines eigenen Wesens. Zu allen Dingen und Vorgängen ein tiefstes Herzensverhältnis entwickelnd, entfaltet sich in ihm ein Erkenntnis-Erleben im Gebiete der schöpferischen, kosmischen Geistwesenheiten. – Auf der siebten Stufe, der «Gottseligkeit», erlebt der Schüler «den Gipfel der menschlichen Evolution, wie er der Menschheit für eine ferne Zukunft vorgezeichnet ist». – Rudolf Steiner macht bei der Schilderung dieses Schulungsweges wiederholt darauf aufmerksam, dass von den höheren Stufen nur Andeutungen gegeben werden können.

Mit diesem Rosenkreuzerweg, der für lange Zeiten nur den wahrhaft suchenden Menschen zugänglich war, wurde die kommende Entwicklung vorbereitet und eingeleitet. Die starken Kräfte, die auf diesem Weg entfaltet werden konnten, ermöglichten es den Rosenkreuzer-Eingeweihten, in aller Stille entscheidende Impulse in die neue Ausbildung der Geisteswissenschaft und der Naturwissenschaft einfliessen zu lassen. In ihren unscheinbaren Studierstuben bemühten sie sich um eine innerliche, dem Christus-Impuls verbundene Erkenntnis von Mensch und Welt. Was in den äusseren Naturprozessen zum Beispiel als Salzbildung, als Auflösung, als Verbrennung betrachtet wurde, vertieften sie zu einem Seelen-Erlebnis, dessen

Inhalt sie als «Göttergedanken, Götterliebe, Götteropferdienst» bezeichneten[64]. Das heraufkommende kopernikanische Weltbild ergänzten sie durch ein innerstes Erleben der geistigen Wesenheiten, welche sich in den sichtbaren Sternen, der Sonne und den Planeten eine Offenbarung schaffen. Rudolf Steiner sagt einmal von diesem Bemühen: «Echt und wahr ist vom fünfzehnten bis ins achtzehnte, neunzehnte Jahrhundert herein dasjenige, was als ein allgemeiner Drang nach dem Göttlichen sich dem Gemüte ergeben hat. Da ist Schönes, Wunderschönes und Herrliches zu finden. Und da ist über manchem, was heute viel zu wenig beachtet wird, ein wirklicher Zauberhauch des Spirituellen[58].»

Die neue von den Rosenkreuzern gepflegte Form der Einweihung wird von Rudolf Steiner zum Beispiel in einem Vortrag vom Januar 1924 angedeutet. Ein Geist-Erkenntnis suchender Schüler wird, nach entsprechender Prüfung, von dem Eingeweihten in einer ersten Unterweisung auf «einen sehr hohen Berg» zum Anschauen des Weltenraumes geführt. Erdenentrückt erlebt der Schüler seine bisherigen irdischen Erfahrungen wie die Nacherinnerung eines Traumes. In Ätherhöhen versetzt, treten ihm die jetzt auflebenden Kindheitskräfte als Offenbarungen kosmisch-göttlicher Schöpfungsimpulse vor die Seele. – In einer zweiten Unterweisung wurde der Schüler tief in Bergesklüfte, in das Erdinnere geführt. Sein Bewusstsein verband sich mit diesen Tiefen. Er fühlte das Schaffen der alten, weisheitsvollen Erdenkräfte in seinem stofflichen Leibe. Das Wesen der Erde sprach zu ihm von dem Wirken der Götter in dem Irdischen. – Zurückgeführt zum Tagesleben, sagte der Eingeweihte zu ihm: «Und wenn es dir gelingt, mit dem Lichte, das deine Seele vom Berge geholt hat, zu beleuchten dasjenige, was deine Seele empfunden hat in der Erde Höhlenklüften, dann wirst du zur Weisheit gelangen[58].» – Diese Worte «wenn es dir gelingt..., dann wirst du» weisen auf die neue Initiationsmethode hin. Die Selbständigkeit des Schülers, die Unantastbarkeit seiner Willenssphäre ist gewahrt. Er soll durch die aus dem Christus-Impuls erwachsene Kraft seines Ich in die geistige Welt eintreten.

In weiteren Vorträgen werden viele Einzelheiten vom Leben

und Streben der Rosenkreuzer berichtet. Rudolf Steiner muss aber auch auf die Besonderheit und die Begrenzung ihrer Schulung hinweisen: «Das ist das Eigentümliche der Rosenkreuzerei, dass diese Rosenkreuzerei in einer Übergangszeit dabei stehen bleiben musste, in gewisse traumhafte Zustände hineinzukommen und gewissermassen die höhere Wahrheit desjenigen zu träumen, was die Wissenschaft nüchtern hier in der Natur findet[58].»

Der Einweihungsweg der Gegenwart

Obschon die sieben Stufen der Rosenkreuzerschulung den Weg schildern, der auch für künftige Einweihungen zu beschreiten ist, führten sie den Rosenkreuzer im allgemeinen nur zu einer Gemütsanschauung, einer Gemütserkenntnis der geistigen Welt. Die volle Aufrechterhaltung des Bewusstseins konnte noch nicht erreicht werden. Rudolf Steiner musste unmissverständlich aufzeigen, dass für den Menschen des 20. Jahrhunderts Änderungen und Erweiterungen des rosenkreuzerischen Schulungsweges notwendig sind, weil die Menschenseele weitere Schritte in ihrer Entwicklung vollzogen hat[63].

Eine der durch diese Entwicklung aufgetretenen Veränderungen besteht darin, dass die frühere Geheimhaltung, sowohl der übersinnlichen Erkenntnisse wie auch des Schulungsweges heute nicht mehr aufrechterhalten werden darf. Im Juli 1918 hat Rudolf Steiner dies in einem Aufsatz ausführlich dargestellt und begründet. «Wir leben in einem Zeitalter, in dem übersinnliche Erkenntnis nicht mehr ein Geheimgut weniger bleiben kann; in dem sie Gemeingut aller derjenigen werden muss, denen der Sinn des Lebens in diesem Zeitalter als Bedürfnis ihres Seelendaseins sich regt.» Dieses Bedürfnis «wird immer mehr zur Forderung nach einer Gleichbehandlung des übersinnlichen Erkennens mit dem Naturerkennen werden»[14e]. Das Buch *Wie erlangt man Erkenntnisse der höheren Welten?* hat ein erstes Beispiel für die Erfüllung dieser Forderung gegeben. Es beginnt mit dem Satz: «Es schlummern in *jedem* Menschen Fähigkeiten, durch die er sich Erkenntnisse über höhere Welten erwerben kann.» Diese Mitteilung hat eine starke Gegnerschaft aufgerufen, denn man ist in manchen Kreisen mit dem Bekanntwerden dieser Tatsache keineswegs einverstanden. Unbeirrt vom Widerstand solcher Gegenkräfte hat Rudolf Steiner bis zu seinem Tode die Darstellung des anthroposophischen Schulungsweges erweitert und vertieft. Er hat die übersinnlichen Forschungsergebnisse der anthroposophisch orientierten Geisteswissenschaft den suchenden Menschen zugänglich gemacht.

Entscheidend ist heute die Forderung nach einer unbedingten Anerkennung der Selbständigkeit des Schülers. In ersten Schilderungen knüpft Rudolf Steiner an das frühere Verhältnis, das zwischen dem eingeweihten Lehrer, dem Guru, und dem Schüler bestanden hatte, an, fordert aber sofort, dass der Schüler ohne «blinden Glauben» und in eigener Initiative handle. Im strengsten Sinne des Wortes müsse die Selbständigkeit dessen, «was wir als das allerheiligste Willenszentrum des Menschen bezeichnen», anerkannt werden[63]. Ein Beispiel für die neue Beziehung zwischen Lehrer und Schüler findet sich in einem Vortrag des Frühjahres 1924. Rudolf Steiner wurde von den Teilnehmern eines Fachkurses gefragt, wie man die Fülle der gegebenen Anweisungen ordnen könne und wie die verschiedenen Meditationen in bezug auf Aufeinanderfolge, Tageszeit und zeitliche Dauer durchzuführen seien. Er antwortete, dass die so gewünschten, strikten Anweisungen nicht gegeben werden können, «denn es ist ein zu starkes Eingreifen in die menschliche Freiheit». Er rief die Fragesteller auf, an sich selbst die Wirkung einer durchgeführten Meditation sorgfältig zu beobachten und die Fähigkeit auszubilden, mit Hilfe des so Beobachteten die nächste Meditation auszuwählen und aus eigenen Erfahrungen die Zeit und Dauer derselben festzulegen. Er erwartete also von dem modernen Geistesschüler, dass dieser, in Kenntnis der Anweisungen und Meditations-Inhalte, selbständig beurteile und entscheide, wie die konkreten Schritte der esoterischen Schulung aufeinander folgen sollen[65]. Vermag der Schüler die dazu notwendige Selbstbeobachtung und die darauf gegründete Bildung des Urteiles nicht durchzuführen, so muss er zuerst einmal weitere Arbeit im Bereich der

Vorbereitungsstufe leisten. Gesichertes Wahrnehmen und Erkennen im Übersinnlichen setzt voraus, dass ein sorgfältiges Beobachten und sicheres Beurteilen der eigenen Seelenvorgänge ausgebildet ist.

Während der letzten Jahrhunderte hat sich das Denken der Menschen weiterentwickelt. Vieles, was früher nur in kleinen Kreisen gepflegt wurde, ist heute Allgemeingut geworden. Schon die Kinder lernen Lesen und Schreiben. Die Rechenoperationen werden beherrscht, die Berufsausbildungen, Bücher, Zeitungen stützen sich vor allem auf die Betätigung des Denkens. Das Bewusstsein der Menschen hat sich als Folge der naturwissenschaftlichen Entdeckungen über den ganzen Erdenplaneten, über das Sonnensystem und über langvergangene Zeiten geschichtlicher Entwicklung ausgedehnt. So sind im Denken des Menschen neue Gedankenformen aufgetreten, die ihn weit über sein persönliches Lebensgebiet hinausführen, da sie die Angelegenheiten der ganzen Menschheit zum Inhalte haben. Auf Grund dieser Entwicklung konnte und musste dem gegenwärtigen Menschen eine neue, für ihn allerwichtigste Geist-Tatsache zugänglich gemacht werden: Die Tatsache der Wiederverkörperung des menschlichen Geistes und die Gesetze der Schicksalsbildung. Die Aufnahme dieser Lehre in das Geistesleben der Menschheit hatte zur Folge, dass die Rosenkreuzer-Initiation wesentlich modifiziert werden musste. «Das Rosenkreuzertum der vorigen Jahrhunderte konnte nämlich noch nicht mit einem Geistes-Element rechnen, das seither in die Menschheitsentwicklung eingezogen ist, und ohne das man heute nicht mehr auskommen kann schon in den Grundelementen aller jener Geistesströmungen, die auf dem Boden des Okkultismus erwachsen.» Die Lehre von Reinkarnation und Karma, so sagt Rudolf Steiner, muss «heute schon im Ausgangspunkte unserer geisteswissenschaftlichen Erkenntnis liegen»[63].

Die für die esoterische Entwicklung notwendige Ausbildung der Grundstimmungen, die Veredelung und Läuterung der Empfindungen und vor allem die Verstärkung der moralischen Kräfte wird mit diesem Geisteselement auf eine neue Grundlage gestellt. Der Schüler erlebt, dass die Entwicklung seines geistigen Wesens, seiner Individualität, nicht auf *einen* Erdenlebenslauf zwischen Geburt und Tod begrenzt ist. Er erkennt, dass er aus einem vorgeburtlichen Sein in das irdische Leben hereingetreten ist, um einen weiteren Entwicklungsschritt des eigenen Wesens durchzuführen. Der geistige Wert seiner im jetzigen Erdenleben erworbenen Erkenntnisse und die Bedeutung seiner Taten werden nach seinem Tode als fördernde oder als verzögernde Eigenschaften seinem höheren Geistwesen eingewoben und werden damit das Schicksal seines nächsten Erdenlebens mitbestimmen.

Er erlebt auch, dass sein Streben und Leben mit dem Werden der ganzen Menschheit verbunden ist und dass dieses Streben und Leben ein Beitrag zu der Gesamt-Evolution sein kann und sein muss. Sein esoterisches Arbeiten, so erkennt er, wird erst dann wahrhaft und wirklichkeitsgemäss sein, wenn es auf das Allgemein-Menschliche gerichtet ist.

Damit ist für den Esoteriker der Gegenwart auf eine neue Aufgabe von grösster Bedeutung hingewiesen. Früher führte ihn die Initiation zu einem Schauen und Erkennen der göttlichen Schöpfungsimpulse in Welt und Mensch. Er erlebte das von den Göttern Ausströmende. In unserer Zeit und in der Zukunft hat der aus dem Ich tätige Mensch darüber hinaus auch noch die Aufgabe, durch freie Taten in sich und in der Erdenwelt *Neues* zu schaffen und dieses Neue in die geistige Welt zurückzutragen. Es ist notwendig, «dass wirklich die Menschen sich bewusst werden, dass sie sich nun nicht bloss überlassen dürfen demjenigen, was ihnen zuströmt, sondern dass sie ihrerseits mitarbeiten müssen»[54]. Oder: «Wir sind wirklich nicht bloss für uns in der Welt, sondern die Welt hat etwas vor mit uns, die Welt hat uns hereingestellt, damit sie das, was in ihr ist, durch uns durchgehen lassen kann und es in der von uns veränderten Gestalt wieder empfangen kann[30].»

Die Erfüllung dieser Aufgabe stellt besondere Anforderungen. Über die selbstverständlich weiterhin durchzuführende Entwicklung des eigenen Wesens hinaus muss der Geistesschüler ein solches *Leben* in der Erkenntnis entwickeln, dass er aus diesem Leben seine Erdentaten dem Geiste gemäss gestalten kann. Sein künstlerisches Schaffen, seine Sinneswissenschaft mit all ihren Anwendungen, insbesonders aber sein soziales Verhalten muss sich zu einer wahren Mitarbeit an dem künftigen Sein und Werden von Welt und Mensch gestalten.

Die im Geistesleben des 20. Jahrhunderts aufgetretenen Zeitforderungen und die angedeuteten Veränderungen haben es möglich gemacht, die Prinzipien des neuen Einweihungsweges in Einzelheiten vor der Öffentlichkeit darzustellen. Führt ein Mensch das so vor ihm Ausgebreitete durch, so kann er, wie Rudolf Steiner sagt, «bis zu einer gewissen Stufe hin die Einweihung gleichsam ganz ohne irgendwelche persönliche Anleitung»[66] erlangen. Ist diese «gewisse Stufe» erreicht, dann sind ihm auch jene neuen Kräfte und Fähigkeiten erwachsen, die ihn den weiteren Weg zu noch höheren Einweihungsstufen beschreiten lassen. Wesentlich, ja entscheidend ist, dass er schon die vorbereitenden Übungen und Meditationen ganz auf der Grundlage der eigenen spirituellen Aktivität durchgeführt hat und dass alle weiteren Schritte in Freiheit und in voller Bewusstheit getan werden.

Eine solche von dem Ich, dem innersten Wesenskern des Menschen vollzogene Selbsterziehung und Selbstumwandlung führt zu der erst in unserer Zeit möglich gewordenen «Selbst-Einweihung»[67]. Die zu dieser Einweihung führenden Anweisungen sind gegeben. Aus dem Christus-Impuls erwachsen dem Menschenwesen die notwendigen innerlichen Kräfte. Diese neue Einweihung vollzieht sich unter voller Aufrechterhaltung des hellen Ich-Bewusstseins, ohne irgendwelche Herabdämpfung und ohne dass die höheren Glieder des Menschenwesens aus dem physischen Leibe herausgehoben werden. Was während der Rosenkreuzerzeit in gewissen traumhaften Zuständen erlebt wurde, wird nun in bewusster Weise erreicht.

Der moderne Eingeweihte hat so jene Fähigkeiten ausgebildet und empfangen, durch welche ihm ein Forschen und Handeln im Bereiche des Übersinnlichen, des Geistig-Schöpferischen möglich wird. Dieses Forschen auf geistigem Gebiete ist Inhalt und Ziel der anthroposophisch orientierten Geisteswissenschaft. Von ihrem Aufbau, ihren Arbeitsmethoden und ihren Erkenntnisstufen soll das nächste Kapitel berichten.

Die Geistes-Wissenschaft

In der Einleitung der *Theosophie*[6] wird gesagt: «Der Betrachtung der geistigen Vorgänge im Menschenleben und im Weltall kann man die Bezeichnung *Geisteswissenschaft* geben.» Mit dem Worte «Geisteswissenschaft» weist Rudolf Steiner auf die Art hin, wie in der neueren Zeit das Beobachten und das Erforschen geistiger Tatsachen und geistiger Wesenheiten durchgeführt werden muss. Wahrhaftes Erkenntnissuchen, wie auch das Streben nach Erfüllung der Lebensverpflichtungen, verlangt heute eine neue, vollbewusste Verbindung mit der geistig-schöpferischen, übersinnlichen Welt. Diese Forderung kann nicht durch ein blosses Hellsehen und selbstverständlich auch nicht mit Hilfe von Drogen herbeigeführten Seelenerlebnissen erfüllt werden. Nur eine wahre Geistes-*Wissenschaft* vermag dies. Rudolf Steiner hat dem ersten Kapitel seiner *Geheimwissenschaft* den Titel «Charakter der Geheimwissenschaft» vorgesetzt. Zunächst wird darin darauf aufmerksam gemacht, dass von «Wissenschaft» nicht nur bei der Erforschung der sinnenfälligen Welt gesprochen werden kann. «Das Entstehen der Wissenschaft, dem Wesen nach, erkennt man nicht an dem Gegenstande, den die Wissenschaft ergreift; man erkennt es an der im wissenschaftlichen Streben auftretenden Betätigungsart der menschlichen Seele.» Der Mensch unserer Zeit kann und soll, unter voller Beibehaltung der wahrhaft wissenschaftlichen Methoden, sich auch den nicht-sinnlichen, rein seelisch-geistigen Gebieten zuwenden und diese erforschen. Allerdings sind bei der hier geschilderten Geisteswissenschaft erweiterte Forderungen zu erfüllen. Schon das in der Kapitelüberschrift verwendete Wort «Charakter» weist darauf hin. Die Erforschung des Geistig-Wesenhaften erfordert den Einsatz des ganzen Menschen. Eine erhöhte Verantwortung muss für das Betreten des Geistgebietes erlebt werden. Die charakterliche Stärke, die moralische Haltung des Forschers ist von entscheidender Bedeutung. Der geistig-seelische Mensch selbst muss das Instrument der geistigen Forschung sein.

Die Beobachtung des Übersinnlichen verlangt die vorausgehende, exakte Entfaltung von neuen Seelen- und Geistorganen. Das gesicherte Erkennen des Wahrgenommenen setzt die Ausbildung einer erhöhten Urteilsfähigkeit voraus. Rudolf Steiner hat in seinen erkenntnistheoretischen Arbeiten die Grundlage für die Entwicklung solcher Eigenschaften gegeben. Es sei noch einmal an das 1914 geschriebene Schlusskapitel des zweiten Bandes der *Rätsel der Philosophie* erinnert[25]. Er zeigt dort, «dass ein völlig organisches Fortschreiten gedacht werden muss von den erkenntnistheoretischen Grundanschauungen meiner Schrift ‹Wahrheit und Wissenschaft› und meiner ‹Philosophie der Freiheit› zu dem Inhalte der ‹Geisteswissenschaft› oder ‹Anthroposophie›, wie ich sie weiter ausgebaut habe»[14d].

Erneut wird im letzten Kapitel des Buches *Vom Menschenrätsel* (1916) und ein Jahr später in den *Seelenrätseln* auf diese Grundlagen eingegangen. So zum Beispiel zu Anfang der «Skizzenhaften Erweiterungen...», welche den *Seelenrätseln* angefügt worden sind. Unter der Überschrift «Die philosophische Rechtfertigung der Anthroposophie» wird vor allem verlangt, die Art, wie anthroposophische Ideen «erlebt werden, möglichst genau in Begriffen zu fassen»[19].

Damit wird Sicherheit im rein geistigen Erleben erlangt, und es wird deutlich erkennbar, «wie scharf dieses Seelisch-Wesenhafte sich absondert von allem, was abnorme Seelentätigkeit ist, wie das visionäre, halluzinatorische, mediale usw. Wesen»[19].

In diesem Zusammenhang sei noch einmal auf den Aufsatz «Die Erkenntnis vom Zustand zwischen dem Tode und einer neuen Geburt»[14c] aufmerksam gemacht. Sich an seine wissenschaftlichen Zeitgenossen wendend, zeigt Rudolf Steiner zuerst, wie das wahre Verhältnis zwischen Naturwissenschaft und der von ihm dargestellten Geisteswissenschaft zu sehen ist. An die damals gebräuchliche Auffassung von Denken, Fühlen und Wollen anknüpfend, stellt er fest, dass in diesen Seelenfähigkeiten etwas verborgen ist, das «durch innere Seelenübungen zum Bewusstsein gebracht werden kann. In diesem, dem gewöhnlichen Seelenleben verborgenen Geistwesen der Seele offenbart sich dasjenige, was in ihr unabhängig vom Leibesleben ist und an dem die Beziehungen des Menschen zur geistigen Welt beobachtet werden können.» – Der zweite Teil des Aufsatzes beginnt mit der Darstellung der ganz neuen Beobachtungen und Einsichten, welche sich an der Grenze des gewöhnlichen Erkennens ergeben. Diese Erkenntnisgrenze wird berechtigt erlebt, *solange* die Seelenfähigkeiten des Forschers an die Leibeswerkzeuge gebunden sind. Der Geistesschüler muss aber die Kraft entwickeln, diese Seelenfähigkeiten aus dieser Gebundenheit zu lösen. In dem dann erreichten «leibfreien Denken, Fühlen und Wollen» kann die rein seelisch-geistige Welt in einer ersten Form auftreten und voll bewusst beobachtet werden. Damit wird ein neues Erleben des Übersinnlichen möglich.

Es ist schon auf Seite 82 auf das 1918 geschriebene Nachwort zu *Wie erlangt man Erkenntnisse...* hingewiesen worden, in welchem aufgefordert wird, zur Festigung der übersinnlichen Seelenbetätigung «in voller Klarheit das Erleben des reinen Denkens zu durchschauen. Denn im Grunde ist dieses Erleben selbst schon eine übersinnliche Seelenbetätigung... Man lebt mit dem reinen Denken im Übersinnlichen; aber man erlebt nur *dieses* auf eine übersinnliche Art; man erlebt noch nichts anderes Übersinnliches[1].» Der Zugang zu dem «anderen Übersinnlichen» wird durch die Ausbildung der neuen Seelen-und Geistorgane und der höheren Erkenntnisfähigkeiten erreicht. Die an der Entwicklung des leibfreien, reinen Denkens erworbene Exaktheit und Bewusstheit muss aber streng beibehalten werden. Das übersinnliche Seelenerleben darf nicht unter die im reinen Denken erreichbare Bewusstseinsklarheit heruntersinken. Es würde sonst auf Irrwege geraten, physiologische Vorgänge würden hineinwirken, und es könnte nicht mehr eine Offenbarung des wahrhaft Übersinnlichen sein. – In den ebenfalls 1918 geschriebenen Nachworten zu der *Philosophie der Freiheit*[7] und zu *Ein Weg zur Selbsterkenntnis des Menschen*[18] finden sich eben solche Darstellungen wie auch im *Lebensgang*[3].

In den späteren Schilderungen der Ausbildung von übersinnlichen Wahrnehmungsorganen wird im Sinne solcher Forderungen die Entwicklung des Denkens ganz besonders betont. Doch muss nachdrücklichst darauf hingewiesen werden, dass das in *Wie erlangt man Erkenntnisse...* oder in der *Geheimwissenschaft* Dargestellte nicht in den Hintergrund treten darf. Wenn auch manchmal von Rudolf Steiner ausgesprochen wird, dass diese «ersten Anfänge» ergänzt und erweitert werden müssen, so darf eine solche Bemerkung nicht missverstanden werden. Es darf auch nicht vergessen werden, dass in diesen Schriften *unersetzbare* Grundelemente der Geistesschulung gegeben sind und dass deren Erarbeitung schon sehr weit in die höheren Gebiete hinaufführen kann.

Ein im Januar 1916 gegebenes Beispiel der Schulung ist schon auf Seite 78 berichtet worden. Die meditative Versenkung in die Denk-*Tätigkeit* führt zu einem bewussten Erleben der Denk-Kraft. Wird durch weitere Meditation diese «Kraft» in ihrem Wesen erfasst und umgewandelt, so entsteht ein erstes höheres Wahrnehmungsorgan. Durch dieses lebt man sich in eine Welt hinein, «die sich gerade dadurch vom Gedankenleben unterscheidet, dass man sie als eine Realität erlebt, als eine flutende, lebendige Realität»[48]. Dieselbe Entwicklung schildert Rudolf Steiner im August 1923: Ein innerlich ganz aktives Denken sei auszubilden und meditativ zu vertiefen. Dadurch lernt man ein Denken kennen, «das anstossen kann». Man hat durch die Meditation das Denken so verwandelt, dass man jetzt weiss: «Man lebt in einer Realität, in einem seelischen Tastorgan, zu dem man selber als Mensch ganz geworden ist.» Diesem höheren Tasten wird zunächst der Ätherleib des Menschen übersinnlich erfassbar, erschaubar, so wie die äusseren Dinge der physischen Welt dem physischen Tasten wahrnehmbar sind[29].

In ähnlicher Art sind – immer mit Beibehaltung der bei der Entwicklung des Denkens gewonnenen Exaktheit und Bewusstheit – weitere Geistes-Sinne, «Geistes-Augen», «Geistes-Ohren» usw. auszubilden. Es ist schon erwähnt worden, dass eine einseitige Entwicklung ernste Gefahren bringen müsste. Ohne ein Gleichgewicht, ja eine Harmonie zwischen diesen neuen Seelenfähigkeiten ist eine wissenschaftliche Forschung auf geistigem Gebiete ganz unmöglich. – Rudolf Steiner musste immer wieder darauf aufmerksam machen, dass es ein folgenschwerer Irrtum wäre, sich solche Umwandlungen zu leicht vorzustellen. Er musste einmal in einem Kreise von Wissenschaftern sagen: «Der esoterische Weg ist eben entweder ein schwieriger oder er ist gar keiner ..., man kann eine esoterische Entwickelung nicht auf einem bequemen Weg erreichen[65].» Auch müsse man sich stets der hohen Verantwortung bewusst sein, mit welcher allein so einschneidende Eingriffe in dem seelisch-geistigen Organismus herbeigeführt werden dürfen.

Rudolf Steiner hat in den *Stufen der höheren Erkenntnis*[10] eine «Erkenntnislehre der Geheimwissenschaft» dargestellt und eine erste Beschreibung der drei höheren Erkenntnisstufen: Imagination, Inspiration und Intuition gegeben. Bevor in den folgenden Kapiteln in Einzelheiten von diesen drei Stufen berichtet wird, sei ein Überblick in Form eines Schemas gegeben. Ein solcher Überblick ist notwendig, denn der Mensch unserer Zeit muss den *ganzen* Weg der neuen Initiations-Wissenschaft voll überschauen und den Ort und die Bedeutung der jeweiligen Übung oder Meditation genau kennen.

Intuitive Erkenntnis	Wesenheiten
Inspirierte Erkenntnis	Erfülltsein von Wesen
Imaginative Erkenntnis	Bilder der Kräftewelt
Physische Erkenntnis	Sinneswahrnehmungen Begriff

Für die unterste, der Geisteswissenschaft vorausgehende Stufe, ist der Ausdruck gewählt: Physische Erkenntnis. Mit diesem Ausdruck soll auf die gegenwärtig allgemein angestrebte, sich den Tatsachen der physisch-sinnlichen Welt zuwendende Erkenntnisart hingewiesen werden. In ihr nimmt der Mensch die Umwelt und das in ihr sich vollziehende Geschehen durch seine leiblichen Sinne wahr und bildet Begriffe aus, mit denen er die in dieser Welt waltenden Gesetze erfasst. Diese Begriffe geben ihm einen Einblick in den Ablauf der Geschehnisse. Sie vermögen aber nichts auszusagen über das Wesen, über den Ursprung und über den Sinn von Mensch und Welt. Weil die «Physische Erkenntnis» in das Wesenhafte nicht einzudringen vermag, wird von unüberschreitbaren Erkenntnis-Grenzen gesprochen.

Rudolf Steiner hat in seinen erkenntnistheoretischen Schriften aufgezeigt, wie der Mensch diese Grenzen überschreiten kann durch die Ausbildung eines von der Leiblichkeit unabhängigen reinen Denkens. Hat der Geistesschüler zu diesem reinen Denken hinzu neue, rein seelisch-geistige Wahrnehmungsorgane ausgebildet, so erschliesst sich ihm ein erster Bereich der übersinnlichen Welt. Dieser tritt mit dem Charakter der Bildhaftigkeit vor seine Seele. Zunächst sind es Bilder der in seinem eigenen Organismus wirkenden Wachstums- und Lebenskräfte, dann aber auch Bilder des kosmischen Gestaltens[28]. Er lernt die ausserordentliche Mannigfaltigkeit und Verwandelbarkeit der schaffenden und auch der hemmenden Kräfte des Universums kennen und erleben. «Bilder der Kräftewelt» stehen auf dieser imaginativen Erkenntnisstufe vor dem Geistesschüler.

Das innerliche Erleben dieser Kräftewelt ruft neue Fragen in seiner Seele auf: Was sind diese Kräfte, wo ist ihr Ursprung? Sind es vielleicht Tätigkeiten von Wesenheiten? Auch zeigt ihm das intime Mit-Leben in diesen Kräften, dass in deren Schaffen noch ein übergeordnetes, ganz anders geartetes Wirken eingreift[68]. Was ist dieses Übergeordnete? Der Schüler steht mit solchen Fragen vor einer zweiten Grenze. Die erste hat er überschritten, indem er die neuen Organe und Fähigkeiten entwickelte, die ihm das imaginative Erkennen ermöglichten. Will er Antwort auf diese neu entstandenen Fragen finden, dann muss er weitere und vertiefte Eigenschaften ausbilden. Er muss lernen, in höchster Selbstlosigkeit sich selbst ganz zum hinhörenden Organ zu machen. Kann er dies, so wird sich ihm das Wesenhafte der imaginativ erfassten Kräftewelt und auch das ganz andere, das in diese eingreift, enthüllen. Er erlebt, wie in der vielfältigen, in fortwährenden Gestaltungen wirkenden Kräftewelt geistige Wesenheiten sich offenbaren. Er ist zu der zweiten übersinnlichen Erkenntnisstufe aufgestiegen und damit in die geistige Wesenswelt eingetreten. Die inspirierte Erkenntnis führt ihn zum «Erfülltsein von Wesen».

Dieses Erleben lässt den Menschen konkret erkennen, dass in Mensch und Welt geistige Wesenheiten schöpferisch und lenkend tätig sind. Er vermag aber noch nicht, zu einem innerlichen Zusammensein und Zusammenleben mit diesen Wesenheiten aufzusteigen und sie – wie auch sich selbst – in ihrem ewigen Wesen zu erkennen. Wiederum ist eine Grenze zu überschreiten. Neue Übungen und Meditationen sind durchzuführen. Der freie Wille und die reine Liebefähigkeit des Schülers müssen zu neuen Erkenntniskräften umgebildet werden. Ist dies geschehen, dann kann das «Ich» des Menschen das, was in der Inspiration erlebt wird, mit dem eigenen Wesen durchdringen und sich mit dem zu erkennenden Wesen innerlich vereinigen: Intuition, «In Gott stehen», wird möglich. Diese gegenwärtig höchste Erkenntnisstufe, die intuitive Erkenntnis, führt den Menschen zu dem vollen Erleben der geistig-schöpferischen Welt.

Im folgenden werden Einzelheiten über die Ausbildung dieser drei geisteswissenschaftlichen Erkenntnisstufen, wie auch über die auf der jeweiligen Stufe zu erlangenden Forschungsergebnisse berichtet. Schon dieser kurze Überblick zeigt, dass Rudolf Steiner mit der Begründung und Ausgestaltung der anthroposophisch orientierten Initiations-Wissenschaft eine ganz neue Epoche für das spirituelle Leben der Menschheit eingeleitet hat. Ein Weg ist gegeben, welcher den Menschen in wissenschaftlich exakter Weise und mit erhöhtem Bewusstsein Stufe für Stufe zur Erkenntnis der geistigen Welten und Wesenheiten führt.

Die imaginative Erkenntnisstufe

Das eigentliche geisteswissenschaftliche Beobachten und Forschen beginnt mit dem imaginativen Erleben. Als Folge der oben besprochenen Seelenübungen treten vielfältige, sich lebendig verwandelnde, aber exakt beobachtbare Bilder auf. Diese imaginativen Bilder unterscheiden sich deutlich von Visionen und Halluzinationen. Ein Kennzeichen der letzteren ist vor allem das abgedämpfte Ich-Gefühl und das herabgestimmte Bewusstsein. Demgegenüber erlebt der vorgeschrittene Geistesschüler die Imaginationen in einem gesteigerten Bewusstsein und in voller Wachheit des eigenen Selbstes. Wahres imaginatives Erleben ist Ausdruck einer objektiven übersinnlichen Wirklichkeit; in ihm enthüllt sich vor allem die Welt der schöpferischen Kräfte und Impulse. – Rudolf Steiner hat – sich jeweils der Aufnahmefähigkeit seiner Leser und Hörer anpassend – wiederholt die für die Ausbildung der imaginativen Erkenntnis zu beschreitenden Wege geschildert.

In *Wie erlangt man Erkenntnisse...* wird in einer ersten Art von solchen Wegen berichtet. Eine entsprechende Entwicklung und Umwandlung der Gedanken und Gefühle führt den Schüler zu der Wahrnehmung von inneren «Lichterscheinungen» und zu einem neuartigen Erleben in Farben und Gestalten. Ein Samenkorn zum Beispiel kann «wie in einer kleinen Lichtwolke eingeschlossen erscheinen». Die Ausbildung der hiezu notwendigen Wahrnehmungsorgane, der Lotosblumen, wird in einem besonderen Kapitel dieses Buches ausführlich beschrieben. Anschliessend wird aufgezeigt, wie – durch Einprägung in den Ätherleib – die Betätigung dieser neuen Organe selbständig und voll bewusst geregelt und beherrscht werden könne[1]. – Von dieser Darstellung der ersten Schritte auf dem Schulungsweg schreibt Rudolf Steiner in den *Stufen der höheren Erkenntnis,* es sei damit «nichts anderes geschildert, als die Art, wie die imaginative Welt für den Beobachter auftritt»[10].

In der zweiten Hälfte der *Geheimwissenschaft,* im Kapitel «Die Erkenntnis der höheren Welten», wird der Weg zur imaginativen Erkenntnis in einer neuen Art dargestellt. Der Schüler soll bestimmt geartete, sinnbildliche oder symbolische Vorstellungen in sich aufrufen und sich mit seinem ganzen Seelenleben auf solche Vorstellungen konzentrieren. Rudolf Steiner baut als Beispiel Schritt für Schritt das Rosenkreuz-Sinnbild auf (siehe auch Seite 126) und fasst zusammen: «...ein schwarzes Kreuz... Dieses sei *Sinnbild* für das vernichtete Niedere der Triebe und Leidenschaften; und da, wo sich die Balken des Kreuzes schneiden, denke man sich sieben rote, strahlende Rosen im Kreise angeordnet. Diese Rosen seien das *Sinnbild* für ein Blut, das Ausdruck ist für geläuterte und gereinigte Leidenschaften und Triebe[15].»

Die Arbeit an solchen Sinnbildern muss mit innerer Klarheit und seelischer Disziplin durchgeführt werden. Es sollte eigentlich «nur derjenige, der in seinem Denken Sicherheit gewonnen hat, sich darauf einlassen»[69]. Ohne diese Sicherheit würde der Schüler in Phantastik verfallen. Es ist schon angeführt worden, dass, im Unterschied zu früheren Schulungswegen, der Mensch unserer Zeit solche Sinnbilder *nicht* als fertige Vorstellungen übernehmen darf. Er soll vor der Meditation das betreffende Bild unter Aufrufung der dazu gehörigen Empfindungen, Gefühle und Gedanken jedes Mal neu aufbauen. Erst nachdem dies getan ist, soll es Inhalt der meditativen Versenkung werden.

Aus der Fülle der von Rudolf Steiner gegebenen Beispiele solcher Sinnbilder seien einige angeführt: Man rufe sich das Erleben und das Vorwärtsschreiten des Ich im Tageslaufe ins Bewusstsein. Daneben stelle man die während des Wachzustandes aufgetretenen bewussten Erlebnisse und die während der Nacht in der geistigen Welt unbewusst gewonnenen Erfahrungen. Dieses ganze Erleben kann im Sinnbild des «Merkurstabes» ausgedrückt werden: Der senkrechte Stab, um den sich die beiden Schlangenlinien winden, versinnbildlicht das Fortschreiten des Ich. Die eine Schlangenlinie drückt die Erlebnisse des Tages aus, die andere die Erlebnisse der Nacht. Wir haben da «ein Sinnbild für das menschliche Leben vor uns... Wir haben in dem Rosenkreuz ein Symbolum für die grosse Entwickelung des Menschen... bis zu seiner Läuterung. Wir haben in demjenigen, was man den Merkurstab nennt, ein Symbolum für die menschliche Entwickelung,

... durch die Tages- und Nachterlebnisse und durch das Vorrücken des Ich[54].» – Die allereinfachste Ausgestaltung eines Sinnbildes: Man betrachte mit Hilfe seiner leiblichen Sinne in allen Einzelheiten die Entwicklung einer Pflanze vom Aufkeimen bis zum Absterben: Formen, Farben, Stoffverwandlungen usw. Dann wende man die innere Aufmerksamkeit von diesen Sinneseindrücken und den dazu gehörigen Verstandesbegriffen ab und baue ein Sinnbild für das hier sich vollziehende Geschehen auf. Dies kann eine aus einer Ebene aufsteigende und wieder zu dieser zurückkehrende Linie sein. Ruft der Schüler diese Linie als Sinnbild in sich auf, so ist sein Blick nicht mehr auf Sinneselemente, sondern auf den nicht sinnenfälligen Lebensprozess, auf ein Übersinnliches gerichtet[54].

«Besonders bedeutungsvoll können mathematische Gebilde werden, insofern in ihnen Sinnbilder von Weltvorgängen gesehen werden», so zum Beispiel eine Weltschöpfung: Aus dem geistigen Universum heraustretend, sich bis zur Stofflichkeit verdichtend, diese wiederum erlösend und damit neue Fähigkeiten zum schöpferischen Geiste zurücktragend. Diese Evolution kann in den Verwandlungen der sogenannten «Cassinischen Kurven» sinnbildlich gesehen werden. Dabei komme es darauf an, dass dem mathematisch festgelegten Übergang der einen Kurve in die andere die in der Seele auftretenden Empfindungen sinngemäss entsprechen[14b].

Sinnbilder dieser Art spiegeln selbstverständlich nichts Äusseres ab. Macht der Geistesschüler – nach bewusst vollzogenem Aufbau derselben – sie zum Inhalt seiner meditativen Versenkung, dann lebt sich seine Seele in eine Tätigkeit ein, welche sie sonst nicht ausübt. In der Meditation durchdringt die Seele das aus sinnenfälligen Elementen ausgestaltete Bild und tritt in den seelisch-geistigen Bereich ein, durch dessen Tätigkeit es aufgebaut wurde. Der Schüler übt so den Übergang von dem Bild zu dessen übersinnlichem Ursprung. Durch die immer und immer wiederholte Meditation erwächst ihm eine neue Seelenkraft. Mit dieser kann er in dem rein Seelisch-Geistigen leben und kann erkennen, wie ein solches sich in einem sinnenfälligen Bilde zum Ausdruck bringt. Diese Arbeit an selbst ausgestalteten Sinnbildern wird ihm später eine wichtige

Hilfe sein, wenn er in der rechten Weise von einem in ihm auflebenden imaginativen Bild zu dem diesem zugrunde liegenden Geist-Wirksamen vorschreiten soll.

Auf der Grundlage des in den vorausgegangenen Jahren mit seinen Lesern und Hörern Erarbeiteten kann Rudolf Steiner in der *Geheimwissenschaft* eine neue Anweisung geben: «Die innere Gediegenheit der imaginativen Erkenntnisstufe wird dadurch erreicht, dass die dargestellten seelischen Versenkungen (Meditationen) unterstützt werden von dem, was man die Gewöhnung an ‹sinnlichkeitsfreies Denken› nennen kann.» Zwei Wege, auf denen der Schüler dieses sinnlichkeitsfreie Denken gewinnen kann, werden beschrieben. Der eine ist gegeben, wenn er sich die Forschungsergebnisse der Geisteswissenschaft denkend und am Leben nachprüfend zu eigen macht. Weil diese Ergebnisse von rein seelisch-geistigen Vorgängen und Tatsachen berichten, wird ein Denken erübt, das von den Bereichen des Sinnlich-Physischen zu dem Geistig-Schöpferischen übergehen kann. Ein zweiter Weg zu diesem sinnlichkeitsfreien Denken, so wird weiter angeführt, sei durch das in den *Grundlinien einer Erkenntnistheorie der Goetheschen Weltanschauung* und in der *Philosophie der Freiheit* Dargestellte gegeben. Die Arbeit mit diesen Inhalten führt zu dem Wesenhaften der menschlichen Denkfähigkeit. Ein reines Denken wird gewonnen. Mit diesem lebt der Schüler real im Seelisch-Geistigen, insoferne dieses in ihm als Gedankenwelt auftritt[15].

Neben diesen Übungen muss die Erweiterung und Vertiefung weiterer Seelenkräfte angestrebt werden: Geduld und Ausdauer, geordnetes Denken, sichere Urteilsbildung und gefestigte Moral sind unabdingbare Voraussetzungen für die Entwicklung. Besonders nachdrücklich weist Rudolf Steiner auf das Erüben der «Sechs Eigenschaften» hin. Ihre gründliche Ausbildung ist notwendig, «bevor man in die übersinnliche Welt eintritt».

Es ist für denjenigen, der im Gebiete der neuen Geisteswissenschaft tätig, das heisst ein Geistesforscher sein will, von der *allergrössten* Bedeutung, dass er sich eine ganz klare Einsicht davon erarbeitet, wie die in ihm auflebenden imaginativen Bilder entstehen und wie sie entgegenzunehmen sind. Rudolf

Steiner hat deshalb diese Fragen wiederholt und unter den verschiedensten Gesichtspunkten behandelt.

Eine solche Darstellung findet sich zum Beispiel in *Ein Weg zur Selbsterkenntnis des Menschen*[18]. Für den Geistesschüler kann, so wird in der zweiten Meditation berichtet, als Folge der meditativ erübten, inneren Verwandlung seiner Seelenfähigkeiten ein Augenblick eintreten, «in dem die Seele sich innerlich ganz anders erlebt als gewöhnlich». Ein Erleben rein seelisch-geistiger Art stellt sich ein, das vom physischen Leibe völlig unabhängig ist. Das Wesenhafte des beobachteten Geschehens wird übersinnlich erlebt. So steht zum Beispiel eine Pflanze nicht als physisch-sinnlicher Eindruck, sondern als übersinnliche «Kraftwesenheit» vor der Seele, wahrgenommen durch jene besonderen «Tätigkeiten», welche der Schüler als Seelen- und Geist-Organe ausgebildet hat.

Zu Anfang bleibt dem Schüler das rein seelisch-geistige Erleben einer solchen Kraftwesenheit noch im Unbewussten. Weil dieses Erleben aber real in seiner Seele vorhanden und wirksam ist, fühlt er sich gedrängt – ohne dass dies ihm zunächst bewusst ist –, das übersinnliche Erlebnis auf der Ebene seines gewöhnlichen Bewusstseins sich vorzustellen. «Man nimmt zu dem Vorstellen solche Begriffe, die man im gewöhnlichen Leben hat; aber man weiss sehr genau, dass man anderes erlebt, als das ist, worauf sich in normaler Art solche Begriffe beziehen. Diese betrachtet man nur als ein Ausdrucksmittel für ein Erlebnis.» Im Bewusstsein des Schülers tritt in dieser Weise ein mit Sinneseindrücken (Farben, Formen, Bewegungen) erfülltes imaginatives Bild auf. Er erlebt zuerst nur dieses Bild.

Anderes vollzieht sich bei dem erfahrenen Geistesforscher. Er erlebt das übersinnliche Geschehen voll bewusst. Für eine nachfolgende *Schilderung* dieses Erlebnisses muss er sich jedoch «der Ausdrücke bedienen, welche den sinnlichen Empfindungen entlehnt sind». Er wird von Lichterscheinungen, Farben, Wärmeempfindungen usw. sprechen und mit diesen das ihm voll bewusste, rein seelisch-geistige Erlebnis in Form eines imaginativen Abbildes schildern. Dieses Abbild, so schreibt Rudolf Steiner, darf man nicht für die Wirklichkeit halten, es kann nur auf die ihm zugrunde liegende Wirklichkeit hindeuten. «Der Fehler, der gemacht werden kann, liegt nicht darin, dass man das Bild als solches schildert. Es liegt ein Fehler erst dann vor, wenn man das Bild für die Wirklichkeit hält, und nicht dasjenige, auf was das Bild, als auf die ihm entsprechende Wirklichkeit, hindeutet[18].»

Die Besonderheit der hier angedeuteten Zweiheit: Das innere, rein übersinnliche Erlebnis und das aufgerufene Bild hat Rudolf Steiner in den *Seelenrätseln* grundlegend behandelt[19]. Er geht dabei von einer Untersuchung über das Wesen des Vorstellungslebens aus. Wird das Vorstellen nur zur Nachbildung von Sinneswahrnehmungen verwendet, so ist es noch nicht seiner eigentlichen Aufgabe gemäss betätigt. Das Wesentliche des Vorstellungslebens ist erst ins Auge gefasst, wenn es als eine die Seele selbst entwickelnde Wirksamkeit gesehen wird. Im gewöhnlichen Leben bleibt der Seele diese innere, lebendige, selbstschöpferische Tätigkeit unbewusst. Empfängt die Seele einen Sinneseindruck durch ein leibliches Organ, dann wird diese lebensvolle Tätigkeit gehemmt und eingeschränkt. Die als Folge des Sinneseindruckes aufgerufenen Vorstellungen erweisen sich damit als «innere Geist-Erlebnisse, deren Leben herabgedämpft ist». Vorstellungen dieser Art treten in der Seele bewusst auf und werden von ihr als Vermittler einer auf die äussere Wirklichkeit sich beziehenden Erkenntnis verwendet. – Hat jedoch der Schüler die entsprechenden Geistorgane ausgebildet, dann werden innere Geist-Erlebnisse in seinem Bewusstsein ohne jede Abdämpfung auftreten können. Ein neues Vorstellungsleben wird möglich. «So wie nun die abgetöteten Vorstellungen von der Seele auf die Sinneswelt bezogen werden können, so die mit den Geistorganen erfassten lebendigen Vorstellungen auf die Geistwelt.» Diese lebendigen Vorstellungen nennt Rudolf Steiner «imaginative Vorstellungen».

Die an einem äusseren Gegenstand entwickelten Vorstellungen sind mit Nachklängen aus der Sinnesanschauung durchtränkt und damit zu einem anschaulichen Bilde gemacht worden. Die wahrhaft imaginativen Vorstellungen entstehen nicht in dieser Art. Bei ihnen muss man die Sinneseindrücke ganz fern halten. Das Vorstellungsleben darf nur von den Geisterlebnissen durchdrungen sein. Diese imaginativen Vorstellungen sind nun aber nicht zu verwechseln «mit der bildlichen Ausdrucksform, die angewendet werden muss, um solche Vorstellungen entsprechend anzudeuten». – Die Sinneselemente, welche zur Bildung dieser «Ausdrucksform» zugezogen werden, sind aber nicht willkürlich gewählt. Rudolf Steiner erinnert daran, dass auf der Stufe des gewöhnlichen Bewusstseins die Seele zum Beispiel bei der Wahrnehmung einer gelben Farbe eine bestimmte, dieser Farbe entsprechende Empfindung erlebt. Es kann nun, so schildert er, bei dem übersinnlichen Erleben eines gewissen Geist-Gebietes in der Seele dasselbe gefühlsmässige Neben-Erlebnis auftreten, das sonst in ihr bei der sinnlichen Wahrnehmung des Gelb auftritt. Deshalb kann ein Geistesforscher, der diese besondere geistige Wahrnehmung beschreiben will, abgekürzt sagen: «Man nehme das Geist-Erlebnis als ‹gelb› wahr.» Um Missverständnissen, die hier auftreten können, vorzubeugen, hat Rudolf Steiner diese abgekürzte Sprechweise wieder und wieder erläutert und begründet. So zum Beispiel in einer im Jahre 1918 dem Buche: *Wie erlangt man Erkenntnisse...* hinzugefügten Fussnote: «Man muss bei allen folgenden Schilderungen darauf achten, dass zum Beispiel beim ‹Sehen› einer Farbe *geistiges Sehen* (Schauen) gemeint ist. Wenn die hellsichtige Erkenntnis davon spricht: ‹ich sehe rot›, so bedeutet dies: ‹ich habe im Seelisch-Geistigen ein Erlebnis, welches gleichkommt dem physischen Erlebnis beim Eindruck der roten Farbe›. Nur weil es der hellsichtigen Erkenntnis in einem solchen Falle ganz naturgemäss ist, zu sagen: ‹ich sehe rot›, wird dieser Ausdruck angewandt. Wer dies nicht bedenkt, kann leicht eine Farbenvision mit einem wahrhaft hellsichtigen Erlebnis verwechseln[1].»

Die hier angedeutete strenge Unterscheidung zwischen dem reinen Geist-Erlebnis und dem aufgerufenen imaginativen Abbild darf aber nicht zu einer falschen Einschätzung des letzteren führen. Geistgemäss aufgebaute Abbilder sind von grosser Bedeutung für die Menschenseele. Sie führen diese nicht nur zu der diesem Bilde entsprechenden Geist-Wirklichkeit; sie sind schon als Bilder eine Quelle, aus welcher neue Kräfte fliessen. Durch sie festigt sich in der Seele die Sicherheit in bezug auf die Lebensführung, das Vertrauen in die Zukunft, Ehrfurcht und Verehrung dem Geistig-Göttlichen gegenüber und vieles mehr. Auch sollte nicht übersehen werden, dass mit der (wenn auch zuerst unbewusst verlaufenden) Ausgestaltung dieser Bilder künstlerische Schaffenskräfte im Menschen geweckt und gefördert werden. – Rudolf Steiner ruft, das Vorausgehende zusammenfassend, den Geistesschüler auf, sich ein richtiges, bewusstes Verhältnis zur geistigen Welt dadurch zu erarbeiten, dass er «sich sorgfältig übt für die Erkenntnis der innerhalb des Seelenlebens mit einer gewissen Feinheit auftretenden Unterschiede: 1. Seelenvorgänge, welche zu einer geistigen Wahrnehmung führen; 2. geistige Wahrnehmungen selbst; 3. in Begriffe des gewöhnlichen Bewusstseins umgesetzte geistige Wahrnehmungen[19].»

Die imaginative Erkenntnis wird in einem erhöhten, leibfreien Bewusstseinszustande ausserhalb des physischen Leibes erlebt. Der Schüler muss aber dabei sein gewöhnliches Bewusstsein aufrecht erhalten und sich durch eigenen Entschluss von diesem in den höheren Zustand hinüberleben und sich wieder zurückleben können. In dem leibfreien Zustand ist die Menschenseele von der übersinnlichen Welt der schaffenden Kräfte durchsetzt und durchdrungen, sie steht dem zu Erlebenden nicht mehr gegenüber, sondern erlebt sich selbst in dem Geschehen der Kräftewelt.

Dieses Erleben hat nun, wie Rudolf Steiner berichtet, eine Eigentümlichkeit, an die sich der Schüler zu Anfang nur schwer gewöhnen kann: «... je vollkommener eine solche geistige Wahrnehmung in der Imagination ist, desto weniger können wir uns, nachdem wir sie gehabt haben, an sie erinnern.» – Die gewöhnlichen Erinnerungen können auftreten, wenn Impulse des seelischen Lebens dem Ätherleibe eingeprägt und damit ins Bewusstsein gehoben werden. Würde aber das, was so auflebt, nicht auch in den physischen Leib eingegraben, so müsste es rasch zerfliessen. Nur dadurch, dass es in diesen physischen Leib eingegraben wird, kann es erhalten und später als Erinnerung wieder heraufgeholt werden. Vollzieht sich aber ein Erleben ausserhalb des physischen Leibes, so kann eine solche Einprägung nicht vollzogen werden, deshalb gibt es im imaginativen Bewusstsein keine Erinnerungen.

Will man eine bestimmte Imagination von neuem hervorrufen, so kann dies nur geschehen, indem jene Seelenverrichtungen wiederum durchgeführt und jene Kräfte wieder aufgerufen werden, durch welche die Imagination sich geoffenbart hat. An diese, die betreffende Imagination vorbereitenden Verrichtungen, kann man sich durchaus erinnern; durch sie muss man sich wieder und wieder zu der Imagination «hinüben»[28]. Doch ist folgendes möglich: «... wenn es uns gelingt, gewissermassen in das gewöhnliche Bewusstsein, in das gewöhnliche Denken, vorstellungsmässig, Abbilder der Imagination hereinzubringen, dann können wir uns an diese Abbilder erinnern. Aber das, was wirklich Imagination ist, das muss immer von neuem auftreten, sonst ist es keine wirkliche Imagination.» – Auf eine weitere Besonderheit wird anschliessend aufmerksam gemacht. Das Aufrufen von Vorstellungen, die wir im äusseren Leben bilden, wird immer leichter, je öfter wir diese bilden. Dies ist anders bei der Imagination, bei dem Erleben geistiger Tatsachen. Je öfter wir eine bestimmte Imagination wiederholen wollen, desto schwieriger wird dies; manchmal wird es sogar unmöglich. Neue, anders geartete Vorbereitungen sind dann notwendig, um das, was einmal aus der geistigen Welt an uns herangetreten ist, wieder aufzurufen[70].

Dem Geistesschüler sind auf dieser imaginativen Stufe zunächst rätselvolle Erlebnisse und Bilder gegeben. Diese erscheinen ihm wie eine Schrift, die er anschauen, aber nicht lesen kann. Erst durch weitere, gesteigerte meditative Arbeit lernt er das ihm so Gegebene zu einer imaginativen Erkenntnis zu erheben. Dazu ist aber eine Verbindung mit der nächsten Stufe, der inspirierten Erkenntnis notwendig. In dieser steigt, wie noch zu berichten sein wird, der Geistesschüler von den «Bildern der Kräftewelt» zu einem «Erfülltsein von Wesen» auf. Damit offenbaren sich ihm die in der Kräftewelt wirksamen Wesenheiten. Dieses Verbinden von Imagination und Inspiration muss dem Geistesforscher eine voll entwickelte und bewusst betätigte Fähigkeit sein. Die angeschaute «reine Imagination» wird zur «inspirierten Imagination»[50]. Die vielfachen von Rudolf Steiner geschilderten Imaginationen sind zu allermeist inspirierte Imaginationen.

Im folgenden werden einige Ergebnisse der imaginativen Forschung aus den Darstellungen Rudolf Steiners angeführt. Der erste Teil bezieht sich auf die in Welt und Mensch wirkenden Kräfte. Schon 1897, in Fussnoten zu *Goethes Naturwissenschaftliche Schriften* (Band IV/2, Seite 209 und 420) hat Rudolf Steiner festgestellt, dass selbst in der leblosen Natur nicht bloss Anziehungs- und Abstossungskräfte wirksam sind, sondern auch «formbildende Mächte», «innere Bildungskräfte der Natur, ... die höher als die bloss physikalischen Kräfte stehen». In der *Theosophie* wird 1904 von ihm bei der Beschreibung des menschlichen Leibes darauf aufmerksam gemacht, dass in diesem Leibe neben den bekannten physischen Kräften eine ganze Welt von Äther- oder Bildekräften, beziehungsweise ein Äther- oder Bildekräfte-Leib wirksam ist. In späteren Darstellungen, besonders in den naturwissenschaftlichen Kursen, wird die Gliederung dieser Kräftewelt wie auch die Welt der unterphysischen Kräfte aufgezeigt und die einzelnen Wirksamkeiten werden näher beschrieben. Schematisch und damit abstrakt kann der Aufbau dieser ganzen Kräftewelt mit folgenden Benennungen angedeutet werden:

Welten-Äther

Kräfte: Ätherleiber
  ätherische Kräfte   der übermenschlichen Wesen
  physische Kräfte   der Menschen
  unterphysische Kräfte der Tiere
                       der Pflanzen
                       der Ätherleib des Erdorganismus

Die physischen Kräfte sind dem gewöhnlichen Bewusstsein wohl bekannt. Es sind die an der Stofflichkeit unmittelbar wahrzunehmenden Wirksamkeiten wie Schwere, Trägheit, Undurchdringlichkeit, ein Teil des Wärmewirkens und Ähnliches. Im Unterschied zu diesen können die ätherischen und die unterphysischen Kräfte nicht unmittelbar durch leibliche Sinnesorgane beobachtet werden. Diesen Sinnesorganen ist nur ein äusserer Abglanz der über- beziehungsweise untersinnlichen Kräfte zugänglich. Die konkrete Beobachtung dieser ätherischen und unterphysischen Kräfte, die Untersuchung ihrer Verschiedenheiten und Wirksamkeiten ist nur möglich, wenn die höhere, imaginative Bewusstseinsstufe entwickelt worden ist. Auf ihr ist übersinnlich wahrnehmbar zum Beispiel der höhere Bereich der Wärme (Wärmeäther); das vielfältige Wirken des Lichtes (Lichtäther); das Anordnen, Verbinden und Trennen der Stoffe (chemischer Äther); dann eine Wirksamkeit, welche aber besondere Anforderungen an das Erfassen stellt, nämlich das Ergreifen dessen, was der Existenz eines Stoffes ihren besonderen Sinn gibt, was in der Reihe der übrigen Stoffe seine Stellung und seine «Aufgabe» bedeutet (Lebensäther). Diese und ähnliche Ätherkräfte wirken, ordnen, gestalten in der sinnenfälligen, physischen Welt. – Physische Kräfte sind im wesentlichen der Erde und ihrer Stofflichkeit verbunden; ätherische Kräfte aber vorzugsweise dem kosmischen Wirken. Das Wirken der unterphysischen Kräfte ist aufs engste mit den aus dem unmittelbar Geistig-Schöpferischen herausgetretenen Seinszuständen verknüpft.

Für das Gebiet der belebten Natur hat die imaginative Forschung neue Einsichten von grundsätzlicher Bedeutung vermittelt. Selbstverständlich gelten gewisse Gesetze des Unorganischen auch in diesem Bereiche, doch werden die *Lebens*-Prozesse nicht durch sie, sondern durch ein anderes bestimmt. Dieses andere ist aber nicht nur eine entsprechend gewählte Zusammenfügung von ätherischen Kräften, sondern eine Ätherorganisation, ein Ätherleib. Ein solcher Ätherleib, innig verbunden mit dem Kosmisch-Ätherischen, «ergreift» die irdischen Stoffe und Kräfte und ordnet sie in die höheren Gesetzmässigkeiten der vom Ausserirdischen einstrahlenden Lebensimpulse ein. Die Prozesse der Gestaltung, des Wachstums, der Atmung sind Wirksamkeiten solcher Ätherleiber.

Es ist unschwer einzusehen, dass zwischen den Äther- oder Bildekräfte-Leibern der verschiedenen Lebewesen gewaltige Unterschiede vorliegen müssen. – Der Ätherleib der Erde – sie ist als Ganzes gesehen ein lebendiger Organismus – zeigt sich als voll in die kosmischen Wirksamkeiten und Gesetzmässigkeiten eingegliedert. – Ähnlich ist es bei den Ätherleibern der Pflanzengruppen. Wachstum, Ernährung, Atmung vollziehen sich in enger Verbindung mit dem Tages- und Jahreslauf. – Bei den Tieren sind diese Wirksamkeiten ebenfalls gegeben, doch kommt bei ihnen hinzu, dass der Ätherleib wie auch der physische Leib Ausdruck einer ganz bestimmten Seelengestaltung ist. Deshalb sind grosse Verschiedenheiten in den Lebens- und Gestaltungsprozessen der kaltblütigen und der warmblütigen Tiere zu beobachten. – Die imaginative Beobachtung der menschlichen Ätherleiber zeigt, dass bei ihnen die in Pflanze und Tier auftretenden Impulse ebenfalls wirksam sind, dass aber diese durch das menschliche, individuelle Ich und den menschlichen Astralleib ganz anderen Impulsen unterstellt werden. Ein besonders ausgebildeter Ätherleib ist notwendig, um die Grundlage abzugeben, auf welcher das menschliche Gehen, das Sprechen und das Denken sich entwickeln kann. Das menschliche Seelenleben vermag fördernd oder hemmend in die Lebensprozesse einzugreifen; kosmische Rhythmen können in ihrer Wirkung durch Ich und Astralleib verstärkt, aber auch verschoben oder gar unterdrückt werden. Der Mensch hat als Folge solcher Einflüsse einen *individualisierten* Ätherleib.

Die Quelle, sowohl der Kräfte als auch der Kräfteorganisationen (Ätherleiber), kann mit dem Worte «Welten-Äther» angedeutet werden. Aus diesem heraus sind sie für ihre besonderen Aufgaben «verdichtet», festgelegt worden. Der Welten-Äther selbst ist in seinem höchsten Bereiche der Ausdruck unmittelbarer Schöpferkräfte hoher Wesenheiten, insbesondere von Wesenheiten der zweiten Hierarchie[68]. In den auf der Grundlage geisteswissenschaftlicher Forschung gegebenen Schilderungen der Evolution von Welt und Mensch finden sich viele Beispiele des Schaffens des Welten-Äthers, das heisst der in ihm wirkenden Geist-Wesenheiten. (Ausführliche Darstellungen dieser Kräftewelt, ihrer Entstehung und ihrer Gesetze finden sich in: [71, 15, 40, 72, 73, 74, 75].)

Weitere imaginative Forschungen vermitteln Einblicke in

die Besonderheiten des menschlichen Ätherleibes. Dieser ist individuell ausgestaltet. Er wird vor der Geburt, beziehungsweise vor der Empfängnis aus dem Welten-Äther heraus neu gebildet und nach dem Tode wiederum in diesen hinein aufgelöst. Hohe, weisheitsvolle Wesen vollziehen die Bildung desselben gemäss den Lebensfrüchten der vorausgehenden Erdenleben und gemäss dem neuen Beitrag, den der betreffende Mensch der künftigen Entwicklung einprägen soll. Gewisse Bereiche der individuellen Schicksalsgestaltung werden damit veranlagt. In den oben angegebenen Vortragskursen sind viele Beispiele für dieses Wirken des Ätherleibes während des Erdenlebens geschildert. Durchschreitet der Mensch die Todesschwelle, so wird der physische Leib abgelegt. Während einer ersten, kurzen Zeitspanne lebt ein gewaltiges, imaginatives Bild in der Seele des durch die Todespforte geschrittenen Menschen. Sein ganzes Erdenleben steht in mächtigen Bildern in seinem Bewusstsein. Was bisher zeitlich hintereinander geschehen ist, lebt in diesem Rückblick gleichzeitig, nebeneinander. In diesem Erinnerungstableau erlebt die Seele jedoch anders als im Leben zwischen Geburt und Tod. Zwischen Geburt und Tod hat man vor allem erinnert, was von aussen herangekommen ist. Es waren Erfahrungen von Freude, Lust, Schmerz usw., bewirkt durch die Dinge und Wesen der Umwelt. Im Erinnerungstableau empfindet man, «was von innen nach aussen sich entwickelt». Also die eigene Tätigkeit, das, was man selber getan hat, um eine Handlung auszuführen oder eine Beziehung zu einem anderen Menschen aufzunehmen[29].

In dem Vortrag «Die Erinnerungsfähigkeit des Menschen» gibt Rudolf Steiner eine ausführliche Darstellung dieses nachtodlichen, imaginativen Erinnerungsbildes. Dieses wird, so berichtet er, in kurzer Zeit «immer grösser, aber damit auch immer schattenhafter, bis wir es wie zu einem Weltall erweitert finden... Und dann verschwindet es in den Weiten. Es ist nicht mehr da»[30]. Mit diesem Auflösen werden mehr und mehr die geistigen Gegenbilder aller Taten, welche wir im Erdenleben vollzogen haben, erlebbar. Die Seele fühlt sich durch diese rein geistigen Gegenbilder aufgerufen, durch alle diese Erlebnisse so hindurchzugehen, dass nicht das Selbsterlebte wiederholt wird, sondern dass die Seele das einem anderen Menschen Zugefügte erlebt. An diesem Rückerleben nehmen übermenschliche Wesenheiten teil. Sie bewirken, dass das, was der Mensch im guten oder schlechten Sinne verrichtet hat, in der geistigen Welt «aufbewahrt» und zur Grundlage für spätere Weiterentwicklungen oder Ausgleichstaten wird.

Die imaginative Erkenntnis enthüllt durch den Einblick in dieses nachtodliche Geschehen eine Tatsache, die von allergrösster Bedeutung für die Lebensimpulse eines wahrhaft strebenden Menschen ist: Der Mensch steht nicht nur als ein Wesen in der Welt, welchem weisheitsvolle Führung und tiefes Erkennen zuteil werden kann; er darf, er soll sich als Mit-Gestalter, als Mit-Schöpfer auffassen. Eindrucksvoll spricht Rudolf Steiner dies im Februar 1924 aus: «Wir sind als Menschen hereingestellt in die Welt. Während wir das Erdenleben ablaufend haben, wirkt die ganze Welt auf uns ein. ... In dem Augenblick, wo wir sterben, nimmt die Welt wieder an sich, was sie uns gegeben hat. Aber sie empfängt dadurch etwas Neues. ... Sie prägt sich selbst in ihren eigenen Äther unser ganzes Leben ein.

Und jetzt stehen wir in der Welt und sagen uns, indem wir dieses Erlebnis mit unserem Ätherleib zunächst nehmen: wir sind wirklich nicht bloss für uns in der Welt, sondern die Welt hat etwas vor mit uns; die Welt hat uns hereingestellt, damit sie das, was in ihr ist, durch uns durchgehen lassen kann und es in der von uns veränderten Gestalt wiederum empfangen kann. ... Die Welt gibt ihre Weltgedanken an den menschlichen Ätherleib ab, und die Welt empfängt sie im durchmenschlichten Zustande wiederum zurück. Der Mensch ist nicht um seiner selbst allein, der Mensch ist um der Welten willen da[30].»

Hiemit sind einige Beispiele der imaginativen Forschung angedeutet. Sie berichten von Vorgängen im Bereiche der übersinnlichen, schöpferischen Kräftewelt. Die vertiefte Erkenntnis vom inneren Wesen dieser Wirksamkeiten erfordert jedoch den Aufstieg in die nächsthöhere, die inspirierte Bewusstseinsstufe.

Die inspirierte Erkenntnisstufe

Wiederum müssen neue Fähigkeiten ausgebildet werden, um das, was sich in den imaginativen Erlebnissen einen Ausdruck schafft, lesen und erkennen zu können. Die dafür zu beschreitenden Wege, auf denen man zur nächsthöheren Bewusstseinsstufe, der inspirierten Erkenntnis aufsteigen kann, sind von Rudolf Steiner in Einzelheiten geschildert worden.

In den frühen Darstellungen des Schulungsweges finden sich erste diesbezügliche Anweisungen für die Vertiefung des Innenlebens, für eine weitere Sicherung und Festigung der Urteilskraft und des Charakters. Die zu entwickelnden Tugenden seien noch einmal erwähnt: 1. Die *Unterscheidung* des Wahren von der Erscheinung; 2. die richtige *Schätzung* des Wahren gegenüber der Erscheinung; 3. die *Ausübung* der «Sechs Eigenschaften»; 4. die *Liebe* zur inneren Freiheit. «Ein blosses verstandesmässiges Begreifen dessen, was in diesen Eigenschaften liegt, nützt gar nichts. Sie müssen der Seele so einverleibt werden, dass sie innere *Gewohnheiten* begründen[1].» Mit Eigenschaften dieser Art macht sich der Geistesschüler von den Bindungen an seine Leibesorganisation frei und schafft so die Voraussetzung für eine Seelenhaltung, in welcher geistige Wesenheiten sich inspirierend offenbaren können.

In der *Geheimwissenschaft* werden erste Übungen und Meditationen für die Ausbildung der nunmehr notwendigen Fähigkeiten angegeben. Zunächst muss der Geistesschüler lernen, für bestimmte Zeiten alle in der Seele vorhandenen Vorstellungen auszuschalten. Dies ist verhältnismässig leicht bei Vorstellungen, welche an den durch die leiblichen Sinne vermittelten Wahrnehmungen gebildet wurden. Anders ist es mit den sinnbildlichen und ganz besonders mit den imaginativen Bildern. Ein starker Wille ist notwendig, um auch diese ganz aus dem Bewusstsein entfernen zu können. Wer Geistesforscher werden will, so sagt Rudolf Steiner einmal, muss imstande sein, jederzeit die erbildeten Imaginationen durch eigenen Entschluss auszulöschen; er muss Herr sein über diese Imaginationen. Das Aufrufen und Auslöschen solcher Bilder ist als Übung immer wieder durchzuführen, damit neu diejenige

Kraft entsteht, durch welche die Seele voll wachend bleiben kann, auch wenn aus ihr aller Vorstellungsinhalt entfernt worden ist.

Ein erstes Beispiel für die nun durchzuführenden Meditationen knüpft an das Rosenkreuzer-Sinnbild an. Dieses wurde, wie berichtet, ausgehend von einem vertieften Erleben des Pflanzen- und des Menschenwesens Stufe für Stufe aufgebaut und zum Inhalt der Meditationen gemacht. Damit entstand, neben anderem, ein Beitrag zu der Entwicklung der imaginativen Erkenntnis. «Wenn nun der Geistesschüler versucht, aus seinem Bewusstsein das schwarze Kreuz und auch die roten Rosen als Bilder von sinnlich-wirklichen Dingen ganz verschwinden zu lassen und nur in der Seele jene geistige Tätigkeit zu behalten, welche diese Teile zusammengesetzt hat, dann hat er ein Mittel zu einer solchen Meditation, welche ihn nach und nach zur Inspiration führt[15].» Der Inhalt dieser Meditation muss also, ohne irgendeine Anknüpfung an ein sinnenfälliges Bild, ausschliesslich in der vom Meditierenden aufgerufenen Seelen-*Tätigkeit* gegeben sein.

Eine solche Meditation macht den Geistesschüler zunächst mit seinem eigenen, rein geistig-seelischen Wesen bekannt. Er erfasst mit ihr mehr und mehr, was in ihm selbst dasjenige ist, das sich in seinem Denken, Fühlen und Wollen und in noch anderen Seelentätigkeiten einen Ausdruck schafft; er wird sich seines eigenen Wesens auf einer höheren und umfassenderen Stufe bewusst. Er erlebt in sich selbst immer deutlicher eine Zweiheit: «Es ist so, wie wenn man nun in voller Besonnenheit in zwei ‹Ichen› lebte. Das eine ist dasjenige, welches man bisher gekannt hat. Das andere steht wie eine neugeborene Wesenheit über diesem. Und man fühlt, wie das erstere eine gewisse Selbständigkeit erlangt gegenüber dem zweiten; etwa so, wie der Leib des Menschen eine gewisse Selbständigkeit hat gegenüber dem ersten Ich. – Dieses Erlebnis ist von grosser Bedeutung. Denn durch dasselbe weiss der Mensch, was es heisst, in jener Welt leben, welche er durch die Schulung zu erreichen strebt[15].» Der Geistesschüler wird so zu einer vertieften Selbsterkenntnis geführt.

Andere Meditationsinhalte erschliessen der inspirierten Erkenntnis das aussermenschliche Geschehen. Als Beispiel erwähnt Rudolf Steiner die neugestaltete Arbeit mit einer entstehenden und einer vergehenden Pflanze. Für die Ausbildung der imaginativen Erkenntnis wurde die Vorstellungsreihe Keim, Blatt, Blüte, Frucht und dann das Hinwelken bis zur Auflösung übend immer wieder und wieder in der Seele aufgerufen. Für die Entwicklung der inspirierten Erkenntnis muss das sinnenfällige Bild der Pflanzenverwandlung ganz aus dem Bewusstsein gelöscht werden. Allein die für den Aufbau der betreffenden Bildreihe entwickelte innere *Tätigkeit* soll Inhalt der Versenkung sein. – Das meditative Ergreifen solcher die Weltgeschehnisse nachschaffender Tätigkeiten erbildet in der Menschenseele die neuen Eigenschaften, durch welche Welt-Wesenheiten sich enthüllen können.

Dem aufmerksamen Geistesschüler wird hier bewusst, dass wesentlich erhöhte Anforderungen an sein innerliches, rein seelisch-geistiges Leben und Handeln gestellt werden. Denn es ist dieses innere, aktive Leben und Weben, welches nunmehr zum Organ, zur Schale für das inspirierte Erkennen werden muss. Deshalb hat er erneut alles ihm Mögliche zu tun, um sein Seelenleben auf die hier geforderte Stufe zu heben. Gleichmass und Gleichgewicht, gesundes Selbstbewusstsein und Selbstvertrauen, gepaart mit Ehrfurcht und Hingabe, mit Unvoreingenommenheit und immerwährender Bereitschaft, ganz Neues aufzunehmen, – all das muss zur Lebensart, zur Lebensgewohnheit des Schülers werden. Solche Seeleneigenschaften «bereiten das Verständnis und die Fähigkeit für die charakterisierten Übungen vor, die behufs der Erlangung der Inspiration zu machen sind»[15].

Was hier Inspiration genannt wird, kann nicht nur etwas sein, was zu gewissen Zeiten wie von selbst aus einem bloss erahnten Geist-Bereich heraustritt. Die neue Initiations-Wissenschaft vermag dem Menschen unserer Zeit nur dann Antwort auf seine Lebensfragen und Hilfe für die Erfüllung seiner Aufgaben zu bringen, wenn sie in allen Einzelheiten mit höchster Bewusstheit und Durchschaubarkeit erlebt und vollzogen werden kann. Deshalb muss Rudolf Steiner immer wieder fordern, dass der nach höherer Erkenntnis Strebende sich genau über die Wege und die Methoden dieser Initiationswissenschaft unterrichte.

Ein grundlegender Wesenszug der inspirierten Erkenntnis mag dem Denken zunächst als Widerspruch erscheinen. Der Geistesschüler ist aufgerufen, im «Tätigsein» zur höheren Erkenntnis zu kommen; es dürfen aber seine Vorstellungen nicht seine Schöpfungen sein. «Er muss innerlich *schaffen* lernen, jedoch so, dass sein ‹Ich› bei diesem Schaffen nicht im geringsten eine eigenmächtige Rolle spielt[10].» Das tätige Ich muss bei diesem Erkennen ganz in die schaffenden Impulse hineingeflochten sein. Der Mensch soll, so sagt Rudolf Steiner einmal, für die hier auftretende Offenbarung sowohl der Zeichner wie auch das Material, mit dem gezeichnet wird, sein. Diese Forderung kann nur erfüllt werden durch Vertiefung des ganzen Seelenlebens auf der Grundlage voll dargelebter Selbstlosigkeit.

Die am Beispiel des Rosenkreuzes und der wachsenden und verwelkenden Pflanze angedeuteten Übungen sind durch weitere zu ergänzen, damit die für die inspirierte Erkenntnis notwendigen Geist-Organe entstehen können. Eine hilfreiche Vorbereitung sei das richtige Erleben des Mathematischen und Geometrischen. Mit einem innerlichen (und damit zumindest sinnlichkeitsfreien) mathematischen Arbeiten werden Tatsachen und Gesetze erfasst, welche in der physisch-sinnlichen Welt als wirkende Impulse auftreten. Damit zeigt sich, dass durch die mathematisierende Seelentätigkeit gewisse Bereiche des Geistig-Schöpferischen in voller Wirklichkeit ergriffen werden können. Das so Ergriffene tritt dabei in der Form einer auf erster Stufe sich vollziehenden Inspiration auf. Man lernt erkennen, «dass die Art, wie wir uns der Mathematik bemächtigen, auf einer Inspiration beruht, und wir können dann in geistesforscherischer Entwickelung diese Inspiration selbst erleben». Durch dieses Erleben vermag man nicht nur «zu denken in mathematischen Begriffen, sondern anzuschauen dasjenige, was da ... als ein Reales lebt»[26]. Rudolf Steiner hat oft darauf hingewiesen, dass eine mathematische Seelenverfassung für den Geistesschüler von grosser Bedeutung sei. Einer solchen liege aber nicht die in der Naturwissenschaft verwendete «fertige Mathematik» zugrunde, sondern das in Strenge und Bewusstheit gemeisterte *Gestalten* des Mathematischen.

Eine weitere, bereits erwähnte Fähigkeit ist zu ihrer vollen Reife auszubilden. Der Schüler soll zu gewissen Zeiten alle Vorstellungen, die in seiner Seele leben, auslöschen können. Es wäre nun ein ernster Irrtum, wenn man diese Aufgabe als eine einfache und leichte betrachten würde. Insbesondere bei imaginativen Vorstellungsbildern entwickle sich bei diesem Bemühen geradezu ein Kampf zwischen der Seele und ihren Imaginationen. Nur mit grösster Energie seien diese in Wirklichkeit wegzuschaffen. – Eine Vorübung wird empfohlen: Man bilde zuerst einen «nachgedachten», passiven Gedanken. Dann verwandle man diesen durch eigene, gesteigerte Aktivität in einen recht lebendigen und kraftenden, in der Seele frei schwebenden Gedanken. Diesen lösche man dann durch stärkste Seelenanstrengung wiederum gänzlich aus. – Solches Aufrufen und Auslöschen muss übend vielfach durchgeführt werden. Damit entwickelt der Schüler die Fähigkeit, willentlich ein vollständiges, inneres Schweigen der Seele, ein leeres Bewusstsein herzustellen[76]. Zur weiteren Verdeutlichung der hier geforderten Kräfte macht Rudolf Steiner darauf aufmerksam, dass man beim gewöhnlichen Denken immer mitspricht und dass dieses Denken im allgemeinen «nur ein seelisches Weben in Wortschatten» ist. Der Geistesschüler müsse jetzt lernen, die seelisch-geistige Gedanken-Tätigkeit, welche sonst zum Wort-Bilden führt, in sich aufzurufen, *ohne* dass es zu einem «innerlichen Reden» kommt. Er müsse «aus den Worten herauskommen» und «seinen Kehlkopf wirklich auch innerlich vollständig zur Ruhe» bringen können. Ein blosses Zurückziehen von äusseren Störungen würde nur zum Fehlen irgendwelcher Eindrücke, zu einer Null-Ruhe führen. Diese genügt nicht, man muss weitergehen. «Und dass es weitergeht, dass man nicht nur jene Ruhe hat, wo die äussere Welt auch in der Seele schweigt, sondern dass man das tiefe Schweigen bekommt, das kann eben ein Ergebnis dieses Sichenthaltens der Worte sein, trotzdem man all die innere Tätigkeit, die es zu den Worten bringen kann, ausübt, – nur nimmt man den physischen Leib nicht in Anspruch ... Da merkt man dann, dass es noch etwas mehr gibt als die Null-Ruhe[76].» Nämlich etwas, das stiller ist als die Stille, ruhiger als die Ruhe.

Durch solche Übungen und Meditationen wird es dem Geistesschüler möglich, ganz real in einem rein seelisch-geistigen Da-Sein zu leben. Er hat die Fähigkeit entwickelt, alles in seiner Seele zum Schweigen zu bringen und trotzdem voll wachend die Gesamtheit der bis jetzt ausgebildeten Eigenschaften in höchster Bereitschaft anwesend sein zu lassen. – Bedeutsame Veränderungen sind so in seinem ätherischen Organismus aufgetreten: Besondere, rein ätherische Bewegungen und Strömungen verbinden die bereits ausgebildeten Seelen- und Geist-Organe mit einem neu entstandenen, in der Gegend des leiblichen Herzens gelegenen Mittelpunkte. Auch hat sich das ganze Leben und Weben seines Ätherleibes «wie durch ein feines Netzwerk» mehr und mehr abgegrenzt und ist zu einer in sich geschlossenen Wesenheit geworden. Der Geistesschüler muss lernen, dieses neue Wirken des Ätherleibes von jeglicher Beeinflussung durch den physischen Leib frei zu halten, es selbständig zu lenken und zu gebrauchen.

Das Erkennen auf der Stufe der Inspiration unterscheidet sich ganz wesentlich von dem Erleben, welches zu den imaginativen Bildern führt. Mit den lebendig sich verwandelnden Bildern lebt man in der Welt der schaffenden Kräfte. Die Inspiration enthüllt die Geistwesen, welche in diesem Kräftewirken walten. Eine ganz neue Erlebnisart ist erforderlich, um diese dem gewöhnlichen Bewusstsein vollständig verschlossene Wesenswelt zu erfassen. – Mit einigen von Rudolf Steiner gegebenen Charakterisierungen sei dieses neue Erleben angedeutet: Für einen ersten Zugang wird auf das Ein- und Ausatmen hingewiesen. Wir nehmen die äussere Luft in uns auf, verbinden uns innerlich mit ihr und geben sie in umgewandelter Form wieder ab. Wie in die durch Ausatmung leergemachte Lunge die Luft eindringt, so dringt bei der Inspiration in die willentlich leergemachte Seele das Wesenhafte ein. Man atmet die geistige Welt ein und wird mit ihr identisch. Ausatmend tritt man wieder in das Erdenleben zurück. Bei diesem inspirierten Erleben von Wesenheiten sind der physische Leib und die durch ihn vermittelten Sinneseindrücke, ebenso der äthe-

Glücksgefühl beim Imaginieren

rische Leib und das durch ihn erfasste ätherische Geschehen im Kosmos ganz ausgeschaltet. Das jetzt auftretende «Erfülltsein von Wesen» kann der Schüler auf den ersten Stufen des inspirierten Erkennens aber noch nicht unmittelbar und in voller Wirklichkeit erleben. Dieses Erfülltsein tritt in ihm zunächst als ein innerliches Erfühlen auf. Um es ganz ins Bewusstsein zu heben, muss eine «Spiegelung» durchgeführt werden. Bei der Imagination wurde das rein seelisch-geistige Erleben an den durch die leiblichen Organe vermittelten Sinneseindrücken gespiegelt. Bei der Inspiration muss das Geist-Erlebnis an «Tätigkeiten», an dem Tun des Ätherleibes gespiegelt und zu einem Bilde gestaltet werden[28].

Das Hervorrufen solcher inspirierter Bilder ist mit einem bedeutsamen Erleben verbunden. Das frühere Ausgestalten der lebendigen, imaginativen Abbilder hat der Seele ein inneres Wohlbehagen, ein Glücksgefühl gebracht. Mit diesem ist, durchaus berechtigt, ein gewisser Egoismus verbunden. Werden nun die imaginativen Bilder durch starke Seelenkräfte wieder ausgelöscht, dann ist ein leidvoller Kampf gegen diesen Egoismus durchzukämpfen. Denn dieser Egoismus muss vollständig aus der Seele ausgetilgt sein, sonst würde durch ihn das inspirierte Erkennen verfälscht, ja unmöglich gemacht. Rudolf Steiner spricht zum Beispiel im Vortrag vom 3. November 1922 von einem «unsäglichen Schmerz», der bei diesem Kampf durchzustehen ist; der aber auftreten müsse, wenn «der Mensch die Kraft gewinnen soll, in vollendeten Bildern objektiv vor sich hinzusetzen dasjenige, was Geist der Welt ist»[77]. – Hier deutet sich an, dass der Geistesschüler zu den bisher entwickelten Seeleneigenschaften sich auch ein geistgemässes, künstlerisches Schaffen erbilden muss. Ohne ein solches könnte er das in dem Leben und Weben des Ätherischen sich Spiegelnde niemals zu einem wahrhaften Bilde gestalten.

Der Geistesschüler darf inspirierte Bilder dieser Art nicht bloss «anschauen». Die in ihnen sich offenbarenden, schöpferischen Geist-Wesenheiten müssen durch ein Mit-Tun, ein Mit-Leben entgegengenommen werden. Um dafür die Schülerseelen innerlich zu öffnen, haben in alten Zeiten die Eingeweihten das inspirierte Erleben von geistigen Wesenheiten vielfach in tierähnlichen Formen ausgedrückt: der geflügelte Löwe, der geflügelte Stier, der Adler, die Taube usw.[71]. Sie schufen so Bilder beseelter, willensbegabter Art, um durch sie ganz bestimmte Impulse der Geist-Wesen bewusst erfassbar zu machen. – Die erste Stufe eines solchen Bildschaffens ist die erwähnte Spiegelung der Inspiration an dem Kräfteweben des Ätherleibes. Das zweite ist das Einkleiden dieses inneren Bildes in Vorstellungen, die, obzwar sie Sinneselemente enthalten, das rein geistige Wirken von Wesenheiten zum Ausdruck bringen.

In anderen Zusammenhängen hat Rudolf Steiner das inspirierte Erleben ein «geistiges Hören», «ein Lesen der verborgenen Schrift» genannt. Auch damit ist auf das über das «Anschauen» hinausgehende, tiefe Eintauchen in das Wesenhafte und auf das erkennende Ergreifen desselben hingewiesen. Das inspirierte Bewusstsein sei in diesem Sinne ein tönendes Bewusstsein, es führe zur Sphärenharmonie und zum «göttlichen Weltenwort». Das Entgegennehmen dieser geistigen Offenbarungen muss ein voll lebendiger Prozess sein, ein Prozess, bei dem die ganze seelisch-geistige Wesenheit des Menschen beteiligt ist. Erst damit kann Inspiration das Sprechen des Welten-Logos werden.

Einige der durch das inspirierte Forschen gewonnenen Erkenntnisse seien kurz angedeutet: Der Geistesschüler ist durch die im gewöhnlichen Bewusstsein erlebten Seelenfähigkeiten, das Denken, das Fühlen und das Wollen innerlich hindurchgeschritten. Damit hat sich ihm das Wesen des menschlichen Astralleibes und die Besonderheit der astralischen Welt enthüllt. Die oben angedeutete, rein geistig begründete Bildlichkeit wird erlebt. Ein nach innen gerichtetes Hören vernimmt die Sprache der Wesenheiten. Das Logos-Wort erklingt. In den Vorträgen und Aufsätzen des Jahres 1923 finden sich neue, vertiefte Darstellungen dieser astralischen Welt, so zum Beispiel in den vier Aufsätzen: «Vom Seelenleben»[57], an welche die ersten Vorträge des Kurses *Mysteriengestaltungen*[42] anschliessen. Auf Grund-Tatsachen dieser Welt wird hingewiesen: In ihr hat selbstverständlich die gebräuchliche Vorstellung des dreidimensionalen Raumes keine Gültigkeit. – Eine ganz neue Zeitvorstellung ist für das Weben und Bilden des Astralischen notwendig. – Ein Weiteres ist, dass in dieser Welt Naturimpulse und moralische Impulse nicht mehr getrennt auftreten, beide sind in ihr innerlich miteinander verbunden, sie sind eins. – Das inspirierte Erfassen des menschlichen Astralleibes führt tiefer in das geistige Weltenall hinein als das Erfassen des Ätherleibes. – Diesen Ätherleib hat der Mensch kurz vor seiner Geburt aus der ätherischen Welt empfangen; er wird ihn nach seinem Tode wieder in die Weltenäther-Sphäre hinein auflösen. Der Astralleib des zum Erdenleben herabsteigenden Menschen ist lange vorher in der astralischen Welt herausgebildet worden. – In dieser Welt, so zeigt die Inspiration, lebt der Mensch mit den geistigen Wesenheiten zusammen; aus ihr ist er zum physischen Erdendasein herabgestiegen und zu ihr wird er nach seinem Tode wieder aufsteigen.

Die an der Todesschwelle auftretenden Erlebnisse werden durch Inspiration in Einzelheiten durchschaubar. Nach dem Ablegen des physischen Leibes tritt ein umfassendes, das ganze Erdenleben abbildendes Lebenstableau auf. Nach wenigen Tagen entschwinden diese Bilder, der Ätherleib ist aufgelöst. Nun folgt das astralische Erleben; das Tun und Vorstellen des vorangegangenen Erdenlebens wird noch einmal durchgelebt. Eine durch die rein seelisch-geistige Umgebung ermöglichte wahrhaftigste Lebensbeurteilung wird vollzogen. Das fruchtbar Geschaffene gliedert sich als hilfreicher Beitrag in die Umwelt ein. Das Unvollkommene verwandelt sich in den Entschluss, von neuem an dessen Umwandlung zu arbeiten. Wenn so der ganze seelische Lebensinhalt durch moralische Bewertung umgestaltet worden ist, hat der Astralleib seine Aufgabe erfüllt und kann abgelegt werden. Nun lebt das Ich, das ewige Wesen des Menschen in der rein geistigen Wesenswelt. Es erbildet und stärkt sich durch diese. Im Anblicke der Geist-Wesen erlebt es den Sinn, die Aufgabe seines Daseins. Ein tiefes und objektives Erkennen der eigenen Entwicklungsstufe lässt in ihm die starke Sehnsucht aufleben, wieder herabzusteigen zu einem neuen Erdenleben, um weitere Schritte in der eigenen Entfaltung zu vollziehen und weitere Beiträge zur Evolution des Universums und der Menschheit zu geben.

Die inspirierte Erkenntnis enthüllt damit die Tatsache der wiederholten Erdenleben, die Wiederverkörperung des menschlichen Geistwesens. Die Selbsterkenntnis des Menschen weitet sich über Geburt und Tod hinaus. Die überirdische Entwicklung der höheren Wesensglieder, des Astralleibes und des Ich, wird erkennbar. Das Ich, das innerste Wesen des Menschen kündigt sich auf dieser Erkenntnisstufe als das an, was aus dem moralischen Schaffen der vergangenen Erdenleben neue, schöpferische Impulse in das nachfolgende Leben hinüberträgt. «So erweitert sich, indem wir den Menschen erkennen, zu gleicher Zeit unser geistig-seelisches Erkennen über den Kosmos, über das Universum, – nicht nur über den Kosmos als einen physischen, als einen ätherischen, sondern über den Kosmos auch als einen geistig-seelischen. Es erweitert sich die Menschenerkenntnis zur Welterkenntnis[76].»

Auf weitere Erkenntnisse der inspirierten Bewusstseinsstufe kann hier nur hingewiesen werden. Im Kapitel «Die Weltentwickelung und der Mensch» der *Geheimwissenschaft* ist der Ursprung, das Werden und die Aufgabe des Menschenwesens dargestellt. Es beleuchtet die Evolution der Weltentwicklung, durch die der menschliche physische, ätherische und astralische Leib herangebildet wurden, bis diesen Leibern das Ich eingeprägt wurde. – Die schon erwähnten Vortragskurse[40,71] schildern das auf der Stufe der Inspiration erlebbare Wirken der hierarchischen Wesenheiten und ihre Offenbarungen in den Himmelskörpern und den Naturreichen. – Spätere Darstellungen zeigen im einzelnen, wie die Bildung der innermenschlichen Organe (Herz, Lunge, Leber usw.) durch kosmische, übersinnliche Schöpfungsvorgänge bestimmt ist. Erkennbar wird, wie diese Impulse in die im irdischen Leben auftretenden Vererbungskräfte hineinwirken und diesen die für das betreffende Erdenleben notwendigen Gestaltungen aufprägen. – Die in der menschlichen Schicksalsgestaltung wirkenden Impulse und Gesetze erschliessen sich ebenfalls der inspirierten Forschung. Rudolf Steiner hat sie vielfach und ausführlich geschildert.

Die intuitive Erkenntnisstufe

Durch die intuitive Erkenntnis erreicht der Mensch die höchste ihm gegenwärtig mögliche Erkenntnisstufe. Sie führt ihn zu einem innerlichen Erleben und Erkennen der geistigen Wesenheiten und der geistigen Welt.

Schon bei der Schilderung der Inspiration hat Rudolf Steiner darauf aufmerksam gemacht, dass das notwendige Zurücklassen des physischen und des ätherischen Leibes und das Auslöschen der mit diesen Leibern verbundenen Erfahrungen ein erschütterndes Erlebnis in der Seele aufruft. Der Geistesschüler musste lernen, das Wohlbefinden, das der Seele durch das leibliche Erleben erwächst, ebenso auszuschalten wie seine egoistische Hinneigung zu diesem Leibe. Um die völlige «Leere des Bewusstseins» herbeizuführen, musste er auch das ausserordentlich starke Glücksgefühl auslöschen, welches durch das Erleben der Bilderwelt des Ätherischen entstanden ist. Erst in der so bewirkten Stille der Seele konnte Inspiration eintreten und ein Erfülltsein von Wesen möglich werden. – Ein Weiteres ist, wie berichtet, damit verbunden: das innerlich erlebte, kosmische Glücksgefühl verwandelt sich «in diesem Augenblicke, wo wir das leere Bewusstsein mit der Ruhe herstellen, in einen ebenso umfassenden, seelischen Schmerz, in ein ebenso umfassendes Leid»[29]. Das Hinübergehen über den Abgrund dieses universellen Schmerzes gehört zu den Vorbedingungen, welche für das Aufsteigen zu der intuitiven Erkenntnisstufe zu erfüllen sind[30].

Rudolf Steiner hat, soweit dies in Gedankenform und mit Worten der heutigen Sprache möglich ist, eine Reihe von Anweisungen für die Ausbildung der intuitiven Erkenntnis gegeben. Ein vollständiges Durchschauen und Durchführen dieser Anweisungen wird dem Geistesschüler allerdings erst möglich sein, wenn er im Gebiete der Imagination und Inspiration ein gesichertes Erleben und Erkennen erlangt hat, denn es ist nun ein Bereich zu betreten und zu erkennen, in welchem nichts mehr von vorher gekanntem inneren und äusseren Erleben vorhanden ist. Nicht nur die Welt der sinnlich-physischen Eindrücke, auch die Welt der imaginativen Bilder und ebenso das inspirierte Erleben in der eigenen Seelentätigkeit muss ausgelöscht sein[15]. Allein das «Ich» und die mit diesem eng verbundenen geistigen Eigenschaften können zu Erkenntnisfähigkeiten im Gebiete der Intuition umgebildet werden. – Die voll bewusste Intuition erfordert, dass der Mensch mit seinem eigenen, wahren Ich in die zu erkennenden Geistwesenheiten untertaucht. Nur eine Ich-Wesenheit vermag andere Wesenheiten innerlich zu erleben und zu erkennen.

Der Geistesschüler steht damit vor der Aufgabe, seine bisherige Schulung so weiterzuführen, dass er sich durch sein gewöhnliches Ich hindurch zu dem wahren, übergeordneten Ich-Wesen erheben kann, um dieses zu einer selbständigen, rein geistigen Wesenheit auszugestalten[18]. Insbesondere zwei mit dem Ich eng verbundene Eigenschaften sind höher zu entwikkeln: der Wille muss zu einem geistigen Wahrnehmungsorgan umgewandelt und die Liebe zu einer Erkenntniskraft ausgebildet werden[76]. Die Ausgestaltung des wahren Ich, die Entfaltung der Liebefähigkeit und die Entwicklung der Willenskräfte sind ein innerlich verbundenes Ganzes. Das eine setzt das andere voraus, und jedes Vorwärtsschreiten in einem Gebiete bedeutet Förderung für die anderen. – Nachfolgend werden die einzelnen Schritte getrennt berichtet, im *Leben* des Geistesschülers weben sie aber ineinander.

Auf Grund seiner bisherigen Schulung erlebte der Geistesschüler durch den physischen Leib die physisch-sinnliche Welt, durch seinen Ätherleib die elementarische Welt und durch seinen Astralleib eine geistige, jedoch infolge der individuellen Schicksalsgestaltung für ihn begrenzte Welt. Der Eintritt in die übergeistige Welt erfordert, dass alle diese Wesensglieder nicht nur durch eigenen Willensentschluss zurückgelassen werden, sondern dass auch die Erinnerungen an das durch diese Wesensglieder Erlebte ausgelöscht werden. Man könnte, was hier notwendig ist, «ein Herbeiführen des vollständigen Bewusstseinsschlafes durch den eigenen Willen» nennen. Ist dies erreicht, dann taucht «aus dem selbst hervorgerufenen Vergessen die wahre Wesenheit des ‹Ich› auf. Die übergeistige Welt gibt der Menschenseele das Wissen von diesem ‹wahren Ich›[20].»

Für ein richtiges Erfassen und Erleben des wahren Ich ist es notwendig, sich zunächst eine klare Einsicht in das Leben des «gewöhnlichen» Ich, des Erden-Ich, zu erarbeiten. In dem Vortrag «Die Schwierigkeiten der Selbsterkenntnis» zeigt Rudolf Steiner, dass drei Bereiche zu unterscheiden sind: Fasst man wahrhaft das Vorstellen, das Denken ins Auge, so zeigt sich in diesem ein Tun, dessen Folgen erst in der nächsten Inkarnation in voller Wirklichkeit auftreten. «Sage ich ‹ich bin›, so lebe ich in diesem Gedanken ‹ich bin›, in dem Keim der nächsten Inkarnation.» – Richtet man den inneren Blick auf das im Wollen tätige Ich, so findet man den wahren Ursprung der Willensimpulse nicht in dem jetzigen Erdenleben. Für das gewöhnliche Bewusstsein entschlüpft der Wille immer in die das vorgestellte Ziel anstrebende Tätigkeit hinein. Das Wollen selbst bleibt tief im Unbewussten. Lernt man durch eine entsprechende Schulung diesen sich immerwährend verhüllenden Willen in die Seelenanschauung heraufzuheben, so erweist sich, dass die Quelle desselben in den in der vorigen Inkarnation dargelebten Impulsen liegt. «Das wollende Ich ist gar nicht im gegenwärtigen Menschen drinnen, sondern es ist das Ergebnis der vorigen Inkarnation. Was in der vorigen Inkarnation war, das lebt sich jetzt aus als Wille, der aus dem Ich herausfliesst.» – In der gegenwärtigen Inkarnation lebt der Mensch eigentlich nur mit seinem Fühlen. Was er fühlend erlebt, ist von dem im jetzigen Zeitpunkt sich vollziehenden Geschehen bestimmt. «Real in der Gegenwartsform ist eigentlich nur das Gefühlserlebnis. . . . Wir sind wirklich zeitlich gewissermassen eine dreifach ineinandergeschachtelte Wesenheit. Wir sind so zusammengeschachtelt, dass in uns lebt das, was herüberwirkt aus der vorigen Inkarnation, dasjenige, was jetzt erfühlt wird und dasjenige, was herüberwirkt in die nächste Inkarnation[78].»

Überschreitet der Mensch die Schwelle zur geistigen Welt, so wird eine ähnliche Gliederung erlebt[21]. Hat der Geistesschüler gelernt, innerhalb seines astralischen Leibes die ihn umgebende geistige Welt zu erfühlen, so tritt eine Dreiheit in seinem höheren Bewusstsein auf: Einmal das Selbst, das er in der physischen und auch in der elementarischen Welt hat; dieses erlebt sich wie ein «Punkt im Weltenall»; dann das «gewesene» Selbst, dasjenige, was man in der Vergangenheit in der Seele erkraftet, erstarkt hat, und das jetzt als Erinnerung wie eine Aussenwelt ist, auf die man zurückschaut. Als Drittes tritt die «geistige Gedankenlebewesenheit des Geistgebietes» hinzu. Das punktuelle Selbst erlebt, wie die beiden anderen, die eigene Vergangenheit und die geistige Lebewesenheit, ein Gespräch beginnen. Indem das Selbst diesem Gespräch lauscht, erfüllt es sich mit einem neuen Inhalt. Je mehr es davon aufnimmt, desto mehr *wird* es, entwickelt es sich zu einem geisterfüllten Wesen in der geistigen Welt. Und doch, «dein ganzes wahres Wesen, das, was du eigentlich bist, das kannst du in dieser Welt doch noch nicht finden». Eine geistige Tat ist jetzt notwendig. Durch freien Willensentschluss muss man wiederum alles, was man gewesen ist, was man als Erinnerung in die geistige Welt heraufgebracht hat, mit allen Einzelheiten auslöschen, austilgen. Man muss wirklich eine Weile in der geistigen Welt am Abgrund des Seins gegenüber dem Nichts als Nichts stehen. «Es ist das erschütterndste Erlebnis, das man haben kann, und man muss mit grossem Vertrauen an dieses Erlebnis gehen ... Man weiss dann: ausgelöscht ist alles, was du bisher erlebt hast; du hast es selbst ausgelöscht. Aber dir kommt aus einer Welt, die du selbst bis jetzt nicht erkannt hast, aus einer übergeistigen Welt dein wahres Ich entgegen, das in dem anderen Selbst nur noch eingehüllt war. – Jetzt erst begegnet man sich, nachdem man sich völlig ausgelöscht hat, mit seinem wahren Ich, von dem das Ich innerhalb der physischen Welt das Schattenbild, die Maya ist[21].»

Die Beziehung, welche zwischen dem dreifach geprägten Erden-Ich und dem ewigen, durch die Inkarnationen gehenden, wahren Ich besteht, wird von Rudolf Steiner einmal in einem Vortrag vom 16. Mai 1923 aufgezeigt[79]. Beim Herabsteigen in eine neue Inkarnation taucht das individuelle Geistwesen, das wahre Ich und das Wesenhafte des Astralleibes zunächst *nicht* in das im irdischen Leben sich vollziehende Geschehen ein. Es bleibt in der vorirdischen Welt zurück, wenn der Mensch durch Empfängnis und Geburt in das Erdenleben eintritt. Von dort aus lenkt und leitet es, ohne dass dies im gewöhnlichen

Bewusstsein erlebt wird, mit Hilfe des Ätherleibwirkens die irdische Entwicklung. Das Erden-Ich ist in Wahrheit eine Spiegelung des wahren Ich an unserem physischen Leibe: «... wir haben in dem Ich, von dem wir täglich reden, gar nicht unser wirkliches Ich vor uns, sondern unser wirkliches Ich steht am Ausgangspunkte unseres Erdenlebens.» – Der irdische Mensch sammelt während seines Erdenlebens Eindrücke und Erfahrungen, er wird älter. Damit erfährt auch das «Spiegelbild» eine Veränderung, es erlebt sich bereichert und reifer. Mit dem Durchschreiten der Todespforte legt der Mensch seinen physischen und ätherischen Leib ab; rückwärts verlaufend durchlebt er das vergangene Erdenleben. Durch dieses, in moralischer Bewertung vollzogene Rückerleben des irdischen Lebenslaufes, werden dessen Früchte zu dem wahren Ich hingetragen. Rudolf Steiner fasst dieses Geschehen zusammen: Die göttliche Welt, das wahre Ich «bleibt eigentlich an dem Orte stehen, an dem sie von Anfange an stand. – Der Mensch macht nur seine Ausläufe, seine Ausgänge aus der Götterwelt. Dann kehrt er wiederum in sie zurück und bringt sich dasjenige, was er sich ausserhalb dieser Götterwelt erobert hat, in diese Götterwelt wiederum zurück.» So wird durch die rechte Ich-Entwicklung dem geistigen Kosmos eine für sein Weiterbestehen und seine Weiterentwicklung notwendige «Nahrung» zuteil.

Für die Ausbildung der Intuition ist die mit dem Ich verbundene Willenskraft weiter zu verstärken und in ein besonderes Geist-Organ zu verwandeln. Schon in ganz frühen Anweisungen, bei der Entwicklung der zweiten der sechs Eigenschaften, ist gefordert worden, dass der Geistesschüler sich zum Herrscher im Gebiete seiner Willensimpulse mache. Auf höherer Stufe sind diese Übungen jetzt zu wiederholen.

Die regelmässige Durchführung der Rückschau-Übung erlangt nunmehr eine besondere Bedeutung. Lässt der Schüler vor dem Einschlafen die Ereignisse des Tageslebens vor seiner Seele vorbeiziehen, so entwickelt er zunächst ein höheres Mass von Selbstbeobachtung; er lernt immer objektiver auf seine eigenen Angelegenheiten, wie wenn sie fremde wären, hinschauen. Eine andersgeartete und noch stärkere Willensanstrengung

Willens-Übungen

muss aber aufgerufen werden, wenn er diese Rückschau entgegengesetzt dem Tagesgeschehen, also vom Abend bis zum Morgen gehend, durchführt. Die Aufeinanderfolge der Vorstellungen muss dann ganz von ihm selbst, ohne Hilfe durch den äusseren Ablauf, bestimmt werden. Nicht nur eine Stärkung, auch eine Verwandlung des Willens wird durch diese Übung erreicht. Der Wille löst sich aus seiner Bindung an das äussere Geschehen, auch aus seiner Bindung an den physischen und ätherischen Leib; er verbindet sich mit dem astralischen Organismus und dem Ich; ein leibfreies Wirken wird ihm mehr und mehr möglich[28]. Rudolf Steiner macht darauf aufmerksam, dass diese Entwicklung besonders gefördert wird, wenn man das rückwärtige Durchleben der äusseren Geschehnisse bis in Einzelheiten streng durchführt, zum Beispiel das Beschreiten einer Treppe oder das erneute Erleben eines Dramas, wobei mit den Schlussworten begonnen und Handlung für Handlung bis zum Anfange hin in der Vorstellung aufgerufen wird. Ein Gedicht, eine Melodie kann ebenso geübt werden. Eine weitergehende Verstärkung des Willens wird erreicht, wenn der Schüler eine ihm innewohnende Gewohnheit ändern oder eine neue sich zu eigen machen kann.

Noch eine andere Eigenschaft ist für die hier angestrebte Entwicklung auszubilden. Der zu leibfreiem Wirken fähige, verstärkte Wille muss zu einem Wahrnehmungsorgan, durch welches der Geistesschüler geistige Wesenheiten erleben kann, umgebildet werden. Rudolf Steiner weist auf das menschliche Auge hin und zeigt, wie dieses selbstlos und durchsichtig sein muss, um zum richtigen Sehen fähig zu sein. Dieses Auge, wie jeder andere leibliche Sinn, hebt seine eigenen Lebens- und Funktionsprozesse nicht in das Bewusstsein des Beobachters hinauf. Deshalb kann es den betrachteten Gegenstand und dessen Veränderungen vermitteln. In derselben Weise muss das neue Willens-Organ «selbstlos» und «durchsichtig» sein. Die in der *Philosophie der Freiheit* geschilderte Schulung des Denkens erlangt hier eine besondere Bedeutung. Sie führt zu einem Erleben, bei dem das reine Denken ebenso gut als reines Wollen angesprochen werden kann. Die für eine solche Entwicklung notwendige Bewusstheit und Exaktheit muss für die Ausbildung des neuen Willens-Organes streng beibehalten werden. Sind die oben angegebenen – und noch andere – Anweisungen in diesem Sinne durchgeführt, so vermag der Geistesschüler mit seinem verwandelten Willen in die Schaffens-Impulse anderer Wesenheiten selbstlos einzutauchen und mit-wollend deren Wesenszüge zu erleben.

Auf Grund seiner geisteswissenschaftlichen Forschungen vermittelt Rudolf Steiner vertiefte Einblicke in das Wesen des Willens, deren Kenntnis die hier durchzuführende Arbeit unterstützen kann. Zwei Beispiele seien angeführt: Fasst man neben der leiblichen auch die rein seelisch-geistige Evolution des Menschen ins Auge, so zeigt sich, dass der Wille ein jüngeres Glied des menschlichen Seelenlebens ist; das Denken ist demgegenüber ein älterer Teil der Seele. Wollen und Denken verhalten sich wie ein junges Kind zu einem Greise. Beides, das Jugendliche und das Greisenhafte, leben gleichzeitig in der Menschenseele, jedoch so, «dass dasjenige, was sich uns in diesem Erdenleben als ein Denken enthüllt, in einem früheren Erdenleben ein Wollen war, und was in diesem Erdenleben ein Wollen, also noch etwas Junges im Seelenleben ist, das wird im späteren Erdenleben ein Denken». Dieses Jugendliche der Seele macht im jetzigen Erdenleben zunächst ein «embryonales» Leben durch. Nach dem Tode erfährt es im rein Seelisch-Geistigen die Entwicklung, durch welche es sich im nächsten Erdenleben auf anderer Stufe offenbaren kann[28].

So wie beim Denken gewisse Prozesse im Gehirn auftreten, wie beim Sprechen der Atmungsvorgang modifiziert wird, so treten auch beim Wollen besondere leibliche Prozesse auf. Diese erweisen sich als etwas, das «wir vergleichen können mit jener Vernichtung materiellen Wesens, die wir in allen Verbrennungsprozessen gewahr werden». Dem gewöhnlichen Bewusstsein entzieht sich dieses Geschehen. Der Mensch weiss nicht, wie seine im Denken auftretende Absicht in die Leibesorganisation eingreift und zum Beispiel die Hand zum Heben eines Gegenstandes veranlasst. Ausführlich schildert Rudolf Steiner die hier «sich zwischen der Fortsetzung des Ernährungsvorganges und der Blutbildung» abspielenden Vorgänge und zeigt, wie eine erste Stufe derselben durch Imagination, eine zweite durch Inspiration erfasst werden kann und wie durch die intuitive Erkenntnis der Mensch bei diesen Prozessen «den in ihnen flutenden und wellenden Weltenwillen, ...einen überall vom Geiste sprühenden und durchsetzten Willen» schauen kann. Die eigene Ich-Wesenheit erlebt sich so in der schöpferischen Geistwelt und wird gewahr, was in ihr selbst schöpferisch ist[76].

Das Element der Liebe wurde dem Menschenwesen stufenweise eingebildet. Zuerst in der niederen, sinnlich gebundenen Form, dann mehr und mehr als eine im rein Seelischen tätige Fähigkeit. Das Ziel ist, dass aus ihr eine von Weisheit durchzogene, in Selbstlosigkeit ausgeübte Eigenschaft des höheren Ich werde. So wie auf der Saturn-Stufe der Wille, auf der Sonnen-Stufe das Gefühl und auf der Monden-Stufe das Denken auszubilden war, so soll auf der jetzigen Erden-Stufe das vierte Seelen-Element, die Liebe, zur vollen Entfaltung geführt werden[80].

In einem auf Einladung des Vereins für Philosophie in Amsterdam gehaltenen Vortrag «Philosophie und Anthroposophie» weist Rudolf Steiner auf die erwähnte, sich für die höheren Stufen der Schulung stellende Forderung hin: Die Kraft der Liebe muss eine Erkenntniskraft werden![81] Auch hier hat er die Wege geschildert, die zur Erfüllung dieser Forderung führen können. Zunächst soll der Schüler lernen, eine vom leiblichen Organismus unabhängige Liebe zu entfalten. Dann muss er durch entsprechende Übungen und Meditationen eine Steigerung und Umwandlung herbeiführen, durch welche die *Kraft* der Liebe zu der Erkenntniskraft der Intuition wird. In Rudolf Steiners *Wahrspruchworte*[82] und in den *Anweisungen für eine esoterische Schulung*[22] sind viele Sprüche und Mantren zu finden, welche dieser Steigerung und Umwandlung dienlich sind.

Der Geistesschüler wird sich auch hier neben seiner meditativen Arbeit eine gründliche Einsicht in das Wesen der Liebe und in ihre Beziehung zu den anderen Seeleneigenschaften, vor allem zum Denken, Fühlen und Wollen erwerben müssen. Ein Beispiel hiezu ist in einer Untersuchung der sogenannten Erkenntnisgrenzen gegeben. Rudolf Steiner stellt dort die Frage: welche Seeleneigenschaft bewirkt, dass der Mensch sich vor solche Grenzen gestellt erlebt? Der geisteswissenschaftlichen, inneren Seelenbeobachtung ergibt sich die zunächst überraschende Antwort: «Es ist diejenige, welche den Menschen befähigt, aus seinem Wesen heraus innerhalb der Sinneswelt *Liebe* zu entfalten ... Was dem Menschenwesen die Kraft der Liebe, der Sympathie und Antipathie mit seiner sinnenfälligen Umgebung verleiht, das entzieht seiner auf die Naturdinge und Naturvorgänge gerichteten Erkenntnis die Möglichkeit, ... (die Erkenntnisgrenzen) ... begrifflich durchsichtig zu machen. Für denjenigen, der vermag, sich selbst einerseits im Naturerkennen, andererseits in der Liebesentfaltung selbsterkennend zu erleben, wird diese Eigenheit der menschlichen Organisation unmittelbar anschaulich[14e].» Die Einsicht in diese Eigenheit lässt erkennen, dass der Menschenseele die Höherentwicklung der Liebe erst dadurch möglich wird, dass sie sich, wie durch einen leeren Abgrund von der Wirklichkeit getrennt, also vor Erkenntnisgrenzen stehend, erlebt. Würde der Mensch mit seinem gewöhnlichen Erkennen «alles um sich herum erfüllen, er würde ja niemals mit seinem Wesen hinüberfliessen können in das andere. Das aber ist dasjenige, was sich im Wesen der Liebe entwickelt ... Entwickelung der Liebe ist gerade das Entgegensetzen der Leerheit des Bewusstseins dem andern, das dann das Bewusstsein erfüllt[83].»

Die rechte Entwicklung der Liebefähigkeit muss schon im Bereich der physisch-sinnlichen Welt vorbereitet werden. Je mehr der Schüler eine echte und starke Liebe zu den Dingen der Sinnenwelt entwickelt, desto mehr wird ihm von dieser Seeleneigenschaft für sein Erleben im Übersinnlichen gegeben sein. Rudolf Steiner muss darauf aufmerksam machen, dass zum Beispiel das in einer Pflanze wirkende Geistwesen nur dann erfasst werden kann, wenn dieser Pflanze schon in der sinnlichen Welt echte Liebe entgegengebracht worden ist, wobei aber deutlich unterschieden werden muss: die *Hingabe* an die Sinnendinge und die *Liebe* zu diesen. «Die elementarische Hingabe beruht auf einem *Sich*-Erleben in dem anderen Wesen oder Vorgang; die *Liebe* ist ein Erleben des anderen in der eigenen Seele.» Im irdischen Leben muss zur Entfaltung einer solchen Liebe zunächst das Selbstgefühl abgedämpft werden. Sonst würde vor allem die eigene Zustimmung oder Ablehnung, nicht aber die Freude oder das Leid des anderen in der eigenen Seele leben. Wird dies beachtet, dann führt das Üben den Schüler schon innerhalb der physisch-sinnlichen Welt zu einem Erahnen des Geistig-Schöpferischen[20]. Stärker und stärker wird dieses Erleben, wenn er seine Liebe zur Natur übend intensiviert. Ein Mit-Denken der vielfältigen Pflanzenbildungen, ein Mit-Fühlen des Geschehens in der Tierwelt, ja ein Mit-Wollen der beobachteten Verwandlungen muss seine Seele erfüllen. Verbindet er mit alledem eine selbstlose Liebekraft, dann bereitet er sich in der rechten Art für das Erleben der rein geistigen Welt vor.

Auf eine weitere Entwicklung wird aufmerksam gemacht: Das intensive Sich-Verbinden mit den geistigen Wesenheiten erfordert ein erstarktes, sicheres Selbstgefühl, ein waches und starkes Ich. Das durch Selbstsucht und Egoismus so sehr beeinflusste Erden-Ich ist mit den vorausgehenden Übungen durch eine wahrhafte Selbsterkenntnis verwandelt worden. Der Geistesschüler muss lernen, trotzdem für bestimmte Zeiten seiner inneren Arbeit dieses Erden-Ich nicht mehr zu beachten, ja es zu vergessen. Hat er seine Selbstlosigkeit, seine Liebefähigkeit in der angedeuteten Weise gesteigert, dann wird ihm sein Ich in neuer Gestalt als sein wahres Ich zurückgegeben. «Und in demselben Augenblicke, in dem man eintritt in dieses Ansichtigwerden des eigenen, wahren Ichs wird man zugleich ansichtig dessen, was nunmehr in einer weiteren Welt lebt, in der eigentlichen Geistwelt[76].»

Wie ist diese Selbstlosigkeit, diese Liebefähigkeit auf die höchste Stufe zu erheben? Rudolf Steiner weist auf die oben berichtete Rückschau-Übung hin, die nun in vertiefter Art durchzuführen sei. Mit ihr hat der Schüler sein inneres Erleben von den äusseren Naturvorgängen, von seinem physischen und auch von seinem ätherischen Leibe losgelöst. Damit hat er aber «eigentlich doch nur die Hälfte, im Grunde das Negative dessen vollbracht, was man zur Steigerung, zur geistigen Ausbildung der Liebefähigkeit braucht». Das Mit-Erleben des Naturgeschehens muss jetzt in gesteigerter meditativer Innerlichkeit weitergeführt werden. Der Schüler soll nicht nur das im Räumlichen sich vollziehende Gestalten und Verwandeln der Pflanzenform liebevoll verfolgen, sondern mit seiner Seele selber diese Pflanze werden. Er soll in sie so innerlich untertauchen, dass er im *Seelen*-Bereich das Wachsen, das Blühen, das Früchtetragen mitlebt. In ähnlicher Weise muss er mit seiner gestärkten, gesicherten Seelenkraft in das Tierreich eintauchen, die Tragik der dort auftretenden Einseitigkeiten erleben und Impulse zur Erfüllung und Erlösung dieses Reiches entfalten. Das Werden des Kristalls, die Bildung von Flächen, Kanten und Ecken, dann wiederum das Zerspalten, Zerklüften des Minerals wird inneres Wohlgefallen oder Schmerzgefühle aufrufen. Solchen Übungen müsse aber, so sagt Rudolf Steiner, die Entfaltung einer auf alle *Menschen* sich erstreckenden Liebekraft vorausgehen[29]. «Je stärker wir diese vollbewusste Hingabe an das andere Wesen übend in uns entwickeln, desto grösser wird dadurch unsere Selbstlosigkeit, und desto grösser muss die Liebe dafür sein[76].» Diese höchste Liebefähigkeit führt zur intuitiven Erkenntnis der rein geistigen Wesenheiten, sie ist zu einer Erkenntniskraft geworden. Nun kann auch das eigene höhere Ich in seinem innersten Wesen erkannt werden. Es selbst ist zur «Liebewesenheit» geworden.

Die geisteswissenschaftlich geschulte Intuition hat zu einer ausserordentlichen Fülle von neuen Einsichten geführt. Es können hier nur einige der im Lebenswerk Rudolf Steiners vorliegenden Beispiele angedeutet werden.

Die intuitive Erkenntnis führt den Menschen sowohl zu einem vollbewussten Erleben seines ewigen Wesenskernes wie auch zu dem bewussten Erleben der rein geistigen, schöpferischen Wesenheiten. Der Weg zu diesen Erkenntnissen führt in der Regel zuerst zu der im Bilde eines Doppelgängers erscheinenden Hütergestalt, die an der Schwelle der geistigen Welt die noch bestehenden Unvollkommenheiten und die noch wirksamen Gegenkräfte aufzeigt. Erst nach Überwindung des Unzureichenden kann die Schwelle überschritten werden. Im Vorschreiten zu dem grossen Hüter wird das Christus-Wesen als das «grosse menschliche Erdenvorbild» erkannt und kann als Lebensimpuls in das eigene Wesen aufgenommen werden.

Das Erleben des wahren Ich zeigt, dass dieses noch am Anfang seiner Entwicklung steht. Gewaltige Aufgaben sind von ihm zu erfüllen. Es soll nicht nur den «zurückgelassenen» Naturreichen Erfüllung und Erlösung bringen, sondern auch ein Mit-Schöpfer an der weiteren Evolution werden und Beiträge auch für die Entwicklung höherer Geistwesenheiten leisten.

Das Wesen des Menschen wird in seiner Ganzheit erst anschaubar, wenn das Leben zwischen Geburt und Tod im Erdenbereich zusammen mit dem seelisch-geistigen Erleben zwischen dem Tod und einer neuen Geburt betrachtet wird. Allein in der immer wiederholten Aufeinanderfolge von irdischem und rein geistigem Dasein, lebt der Mensch sein volles Wesen aus. «Man überschaut durch eine solche Erkenntnis, wie der ewige Wesenskern des Menschen seine Evolution hat durch vorirdisches Dasein, irdisches Dasein und Dasein nach dem Tode. – Vor der unbefangenen Betrachtung ergibt sich aber nun ein gewaltiges Rätsel»: Während des Erdenlebens erwirbt sich der Mensch das Bewusstsein seines Ich durch den rechten Gebrauch des physischen Leibes. Dieser physische Leib, und mit ihm alles, was an Seelenkräften durch die Spiegelung an ihm entstanden ist, entfällt mit dem Tode. Die ernste Frage tritt auf: Wie kann im Nachtodlichen – ohne diesen physischen Leib – ein Bewusstsein vom Ich aufgerufen werden? Durch die intuitive Forschung enthüllt Rudolf Steiner, dass im Mysterium von Golgatha die Antwort auf diese Frage gefunden werden kann. «Niemals könnte eine Menschheit das Ich-Bewusstsein durch den Tod durchtragen, wenn sich nicht dieses im physischen Leibe entwickelte Ich-Bewusstsein mit dem Christus verbindet, der es hält, wenn es mit dem physischen Leibe von der Menschenseele abschmelzen würde[28].» Es ist das Christus-Wesen, welches das Bewusstsein des Ich durch die Todespforte hindurchrettet. Die Voraussetzung dafür ist jedoch, dass der Mensch schon während seines Erdenlebens sich ein tiefes, empfindungsgetragenes Verständnis der Opfertat des Christus und der Bedeutung des Mysteriums von Golgatha erarbeitet. Die Nachwirkung dieser Arbeit wird «das sonst trübe und finster bleibende Bewusstsein» für das richtige Erleben der nachtodlichen, geistigen Welt und für die durch den Christus gegebene Führung durch diese Welt bereit machen. Damit kann der Mensch die ihm im nachtodlichen Geistbereiche zuströmenden Impulse bewusst aufnehmen und so an der Vorbereitung seines Werdens und Wirkens mitgestalten. Das im nächsten Erdenleben auftretende Abbild dieser Bewusstheit und dieses Mit-Gestalten ist die menschliche Freiheit, das Freiheitsgefühl während des Erdendaseins[28].

Ein für die künftige Entwicklung von Mensch und Welt bedeutsamer Tatbestand enthüllt sich auf der intuitiven Erkenntnisstufe: Im irdischen Leben besteht ein Abgrund zwischen dem Moralischen und dem Naturhaften. Die moralischen Impulse werden im Seelisch-Geistigen erlebt. Unabhängig davon, moralfrei, ergeben sich die Naturgesetze. Für das Leben zwischen Tod und neuer Geburt gilt diese Trennung nicht. Jegliches Geschehen, jede Gesetzmässigkeit ist in der Geistwelt zugleich und innerlich ein moralischer Impuls. Der Mensch löst sich aus dieser Ganzheit heraus, wenn er durch die Geburt in ein neues Erdenleben eintritt. Er kann die erlebte Moralität nicht unmittelbar in sein Erdenleben hereintragen. Er muss diese im neuen Erdenleben nach und nach erwerben. Handelt nun der Mensch aus dieser in Freiheit entfalteten Moralität, dann schafft er ein ganz Neues, etwas, was ohne ihn nicht entstanden wäre. Er stellt mit solchen Handlungen eine von ihm ausgehende Wirklichkeit in die Welt hinein. Er wird zum Mit-Schöpfer der Zukunft.

Nur ein Ich hat Zutritt zu dem Innersten, dem Ich eines anderen Wesens. Durch die auf der intuitiven Stufe erarbeitete Erkenntnis und die vertiefte Ausbildung seines Ich ist es dem Geistes-Forscher möglich, in die Geist-Wesenheiten der übergeistigen Welt einzutauchen und sie im tiefsten Sinne zu erkennen. So konnte Rudolf Steiner durch seine intuitiven Forschungen, unabhängig von überlieferten Dokumenten, die an der Schöpfung und Entwicklung von Mensch und Welt beteiligten Wesenheiten im einzelnen schildern. Eine ausführliche Darstellung der Saturn-, Sonnen-, Monden- und Erden-Entwicklung ist in seiner *Geheimwissenschaft* enthalten. Dort, wie auch in vielen nachfolgenden Vorträgen, sind diese Wesenheiten in bezug auf ihre Gliederung, ihre Entwicklung und ihre Aufgaben dargestellt. – Einem höchsten Wesensbereich, in der christlichen Terminologie als «Trinität» bezeichnet, entquellen die Impulse für die Ur-Schöpfung. Wesenheiten der ersten Hierarchie verarbeiten diese Impulse und schaffen neue Welten und Wesen. Die Wesenheiten der zweiten Hierarchie führen diese Schöpfungen durch viele Stufen zur Verinnerlichung und zu einem selbständigen Leben. Die dritte Hierarchie hat den «Dienst am Menschen» zur Aufgabe. Als Zeitgeister, Volksgeister und Schutzgeister führen sie die Menschheit, die Völker und leiten den einzelnen Menschen. – Andere, in gewisser Weise von den Wesenheiten der dritten Hierarchie abgesonderte Wesen sind in den Elementen: Erde, Wasser, Luft und Feuer tätig. Auf der Grundlage weiterer Forschungen ist das Wirken der hierarchischen Wesenheiten erneut in den *Anthroposophischen Leitsätzen* und in den dazu gehörenden Briefen vom Sommer 1924 geschildert[68]. – Luziferische und ahrimanische Wesenheiten stellen sich mit einem einseitig entwickelten Teil ihres sonst hilfreichen Wirkens dem normalen Entwicklungsgang der Schöpfung entgegen. Im Aufsatz *Luziferisches und Ahrimanisches in ihrem Verhältnis zum Menschen*[14f] ist eine grundlegende Darstellung dieser Wesen und der Art ihres Wirkens im Erkennen und Handeln des Menschen gegeben.

Diese Beispiele zeigen, dass mit der Intuition, der höchsten dem gegenwärtigen Menschen zugänglichen Erkenntnisstufe, eine unmittelbare Begegnung mit den Wesenheiten der übersinnlichen Welt möglich wird. Das Ich, das ewige Wesen des Menschen, kann sich mit diesen Wesenheiten innerlichst verbinden und sie in ihrer wahren Geist-Gestalt erkennen.

*

Der anthroposophische Schulungsweg führt den wahrhaft suchenden Menschen zu einer übersinnlichen Erkenntnis des Seelisch-Geistigen in Welt und Mensch. Der Entwicklungsstufe des gegenwärtigen Menschen entsprechend, muss diese Erkenntnis in Freiheit und in voller Bewusstheit durch eigene

Willensanstrengung erworben werden. Dabei sind die in der Vergangenheit entwickelten, berechtigten wissenschaftlichen Forderungen voll zu berücksichtigen. Die von Rudolf Steiner ausgearbeitete und dargestellte esoterische Schulung erfüllt diese Forderungen. Deshalb kann zu Recht von einer neuen Initiations-Wissenschaft, der anthroposophisch orientierten Geistes-Wissenschaft gesprochen werden.

Die Arbeit in dieser Geistes-Wissenschaft und ihre Ergebnisse führen den Menschen nicht nur zu einer Höherentwicklung seines eigenen Wesens. Durch sie werden auch neue Impulse für das Schaffen auf künstlerischem, wissenschaftlichem und sozialem Gebiete gegeben.

16. 6. 82

Quellenverzeichnis

Alle nachfolgenden Angaben beziehen sich auf Schriften und Vorträge von Dr. Rudolf Steiner.

Dem Titel der angeführten Veröffentlichungen ist jeweils eine Hinweiszahl vorgesetzt. Beigefügt ist das Erscheinungsjahr oder das Datum der wiedergegebenen Vorträge, dann die Nummer des entsprechenden Bandes der Gesamtausgabe des Rudolf Steiner Verlages (GA...), ebenso das Jahr der verwendeten Auflage (A...). Die an diese Angaben anschliessenden Zahlen sind wie folgt zu verstehen: die fettgedruckte Zahl verweist auf diejenige Seite des vorliegenden Überblickes, auf welcher der Hinweis gegeben wird. Die nächste Zahl, beziehungsweise die nächste Zahlengruppe gibt an, wo in dem genannten Buche das angeführte Zitat oder die berichtete Darstellung zu finden ist.

Zum Beispiel:

3 Mein Lebensgang, 1923–1925, GA 28, A 1962. –**11**: 391, **12**: 410, 432, **24**: 99, **56**: 164, **81**: 323 ff., **104**: 324 ff.

Es bedeutet demnach **11**: 391, dass das auf Seite **11** des vorliegenden Überblickes wiedergegebene Zitat in «Mein Lebensgang» auf Seite 391 zu finden ist. Auf Seite **12** wird mit dem Hinweis 3 auf die längeren Ausführungen verwiesen, welche in «Mein Lebensgang» Seite 410 und 432 gegeben werden usw.

Bei Veröffentlichungen, in welchen Vorträge wiedergegeben werden, folgt nach der fettgedruckten Zahl das Vortragsdatum mit entsprechender Seitenzahl.

Steht eine fettgedruckte Zahl allein, so besagt dies, dass auf das betreffende Buch nur hingewiesen wird.

1 Wie erlangt man Erkenntnisse der höheren Welten?, 1904, GA 10, A 1975. –**7**: 12, **13**, **29**: 12, **34**: 57, **38**: 25, **49**: 48 ff., **50**: 66, **53**: 60, **59**: 67, **61**: 115, **62**: 110, **63**: 182, **66**: 57, **67**: 190, **74**: 117 ff., **82**: 220, **83**: 138, **85**: 212, **104**: 220, **109**: 138, **115**: 116, **123**: 146.

2 Wege und Ziele des geistigen Menschen, 23.1.–27.12.1910, GA 125, A 1973. –**8**: 31.10.1910/126, **21**: 31.10.1910/125.

3 Mein Lebensgang, 1923–1925, GA 28, A 1962. –**11**: 391, **12**: 410, 432, **24**: 99, **56**: 164, **81**: 323 ff., **104**: 324 ff.

4 Die Mystik im Aufgange des neuzeitlichen Geisteslebens und ihr Verhältnis zur modernen Weltanschauung, 1901, GA 7, A 1960. –**11**.

5 Das Christentum als mystische Tatsache und die Mysterien des Altertums, 1902, GA 8, A 1976. –**11**.

6 Theosophie. Einführung in übersinnliche Welterkenntnis und Menschenbestimmung, 1904, GA 9, A 1973. –**12**, **35**, **102**: 22.

7   Die Philosophie der Freiheit, 1894, GA 4, A 1978. **–12, 55**: 51, 91, **58**: 49, **104**: 256.
8   Grundlinien einer Erkenntnistheorie der Goetheschen Weltanschauung mit besonderer Rücksicht auf Schiller, 1886, GA 2, A 1960. **–12**.
9   Wahrheit und Wissenschaft, 1892, GA 3, A 1958. **–12**.
10 Die Stufen der höheren Erkenntnis, 1905, GA 12, A 1959. **–14**: 15, **49**: 53, **106**: 15, **109**: 45, **126**: 50, 51.
11 Von der Initiation. Von Ewigkeit und Augenblick. Von Geisteslicht und Lebensdunkel, 25.–31.8.1912, GA 138, A 1959. **–14**: 26.8.1912/34, **21, 60**: 30.8.1912/99 ff.
12 Der Orient im Lichte des Okzidents, 23.–31.8.1909, GA 113, A 1960. **–14**: 23.8.1909/11.
13 Die Geschichte und die Bedingungen der anthroposophischen Bewegung im Verhältnis zur anthroposophischen Gesellschaft, 10.–17.6.1923, GA 258, A 1959. **–15**: 13.6.1923/85, 14.6.1923/101.
14 Philosophie und Anthroposophie, 1904–1918, GA 35, A 1965.
14a Mathematik und Okkultismus, 1904. **–80**: 21.6.1904/14.
14b Die psychologischen Grundlagen und die erkenntnistheoretische Stellung der Anthroposophie, 1911. **–23**: 8.4.1911/143, **72**: 8.4.1911/117, **111**: 8.4.1911/118.
14c Die Erkenntnis vom Zustand zwischen dem Tode und einer neuen Geburt, 1916, 1917. **–24**: 269 ff., 283, **103**: 269 ff., 274 ff., 288.
14d Die Geisteswissenschaft als Anthroposophie und die zeitgenössische Erkenntnistheorie, 1917. **–15**: 320, **25**: 319, **103**: 319.
14e Frühere Geheimhaltung und jetzige Veröffentlichung übersinnlicher Erkenntnisse, 1918. **–25**: 391 ff., **97**: 408, **141**: 393.
14f Luziferisches und Ahrimanisches in ihrem Verhältnis zum Menschen, 1918. **–146**: 409.
15 Die Geheimwissenschaft im Umriss, 1910, GA 13, A 1968. **–16, 16**: 304, **17**: 340, **17**: 344, **19**: 396, **35**: 31, **41**: 329 ff., **57**: 341, **58**: 315, **62**: 339, **63**: 326, **64**: 380, **70**: 309 ff., **76**: 316, **77**: 352, **85**: 387 ff., **90**: 431, **110**: 311, **112**: 343, **120, 124**: 359, **124**: 324, **125**: 368, **134**: 368.
16 Die okkulte Bewegung im neunzehnten Jahrhundert und ihre Beziehung zur Weltkultur, 10.10.–7.11.1915, GA 254, A 1969. **–16**: 23. und 25.10.1915.
17 Gegenwärtiges und Vergangenes im Menschengeiste, 13.2.–30.5.1916, GA 167, A 1962. **–16**: 4.4.1916, 9.5.1916, **69**: 4.4.1916/81 ff., 89, 9.5.1916.
18 Ein Weg zur Selbsterkenntnis des Menschen, 1912, GA 16, A 1968. **19, 19**: 86, **67**: 23, **72**: 33, **104**: 85, **113**: 23 ff., 32 ff., **114**: 33, **134**: 64.
19 Von Seelenrätseln, 1917, GA 21, A 1976. **–23**: 11, 128, **68**: 21 ff., **68**: 29, **81**: 128 ff., **103**: 129, **103**: 133, **114**: 26 ff., **116**: 143.
20 Die Schwelle der geistigen Welt, 1913, GA 17, A 1956. **–19, 20**: 95, **65**: 13, **84**: 50, **134**: 87, **142**: 58.
21 Die Geheimnisse der Schwelle, 24.–31.8.1913, GA 147, A 1969. **–20**: 29.8.1913/107, **21, 83**: 25.8.1913/32, **86**: 25.8.1913/32, **135**:

	29.8.1913/108 ff., **136**: 30.8.1913/128 ff.
22	Anweisungen für eine esoterische Schulung, 1903–1908, GA 245, A 1973. **–20, 41**: 15, **43**: 19, **65**: 142, **140**: 35 ff.
23	Vier Mysteriendramen, 1910–1913, GA 14, A 1962. **–20**.
24	Weltenwunder, Seelenprüfungen und Geistesoffenbarungen, 18.–28.8.1911, GA 129, A 1960. **–21**.
25	Die Rätsel der Philosophie, 1914, GA 18, A 1968. **–23**: 594 ff., **81**: 594 ff., **103**.
26	Grenzen der Naturerkenntnis, 27.9.–3.10.1920, GA 322, A 1969. **–26, 126**: 29.9.1920/43.
27	Die Wirklichkeit der höheren Welten, 25.11.–2.12.1921, GA 79, A 1962. **–26, 47**: 26.11.1921/48.
28	Philosophie, Kosmologie und Religion, 6.–15.9.1922, GA 215, A 1962. **–26, 107**: 7.9.1922/31, **117**: 13.9.1922/127, **129**: 7.9.1922/35, 9.9.1922/62 ff, **138**: 7.9.1922/36, **139**: 9.9.1922/68, **144**: 13.9.1922/140, **145**: 15.9.1922/178.
29	Initiations-Erkenntnis, 19.–31.8.1923, GA 227, A 1960. **–26, 51**: 20.8.1923/51, **79**: 19.8.1923/31, **105**: 19.8.1923/31, **121**: 19.8.1923/36, **133**: 20.8.1923/46, **143**: 20.8.1923/51.
30	Anthroposophie. Eine Einführung in die anthroposophische Weltanschauung, 19.1.–10.2.1924, GA 234, A 1974. **–26, 100**: 3.2.1924/113, **121**: 10.2.1924/150, **122**: 3.2.1924/113, **133**: 2.2.1924/92.
31	Die Konstitution der Allgemeinen Anthroposophischen Gesellschaft und der Freien Hochschule für Geisteswissenschaft, 1924–1925, GA 260a, A 1966. **–27**: 108.
32	Die Welt der Sinne und die Welt des Geistes, 27.12.1911–1.1.1912, GA 134, A 1959. **–39**: 27.12.1911/20 ff.
33	Okkultes Lesen und okkultes Hören, 3.–6.10.1914, 12.–26.12.1914, GA 156, A 1959. **–39**: 3.10.1914/13 ff., 16.
34	Antworten der Geisteswissenschaft auf die grossen Fragen des Daseins, 20.10.1910–16.3.1911, GA 60, A 1959. **–46**: 15.12.1910/201.
35	Die Beantwortung von Welt- und Lebensfragen durch Anthroposophie, 20.3.1908–21.11.1909, GA 108, A 1970. **–46**: 18.1.1909/233.
36	Rhythmen im Kosmos und im Menschenwesen, 30.5.–22.9.1923, GA 350, A 1962. **–46**: 28. und 30.6.1923, 7. und 18.7.1923.
37	Geisteswissenschaftliche Menschenkunde, 19.10.1908–17.6.1909, GA 107, A 1973. **–49**: 26.10.1908/58.
38	Menschengeschichte im Lichte der Geistesforschung, 19.10.1911–28.3.1912, GA 61, A 1962. **–50**: 14.3.1912/416 ff., 433 ff.
39	Alte und neue Einweihungsmethoden, 1.1.–19.3.1922, GA 210, A 1967. **–52**: 12.2.1922/107.
40	Die geistigen Wesenheiten in den Himmelskörpern und Naturreichen, 3.–14.4.1912, GA 136, A 1960. **–54**: 3.4.1912/18 ff., **120, 132**.
41	Kunst im Lichte der Mysterienweisheit, 28.12.1914–4.1.1915, GA 275, A 1966. **–54**: 1.1.1915/97 ff., **57**: 1.1.1915/100.
42	Mysteriengestaltungen, 23.11.–23.12.1923, GA 232, A 1974. **–56**:

23.11.1923/10, **86:** 2.–14.12.1923, **130:** 23.11.1923.

43 Pfade der Seelenerlebnisse, 14.10.1909–10.3.1910, GA 58, A 1957. **–57, 71:** 10.2.1910/205.

44 Metamorphosen des Seelenlebens, 21.10.1909–12.5.1910, GA 59, A 1971. **–57.**

45 Anthroposophie-Psychosophie-Pneumatosophie, 23.10.1909–16.12.1911, GA 115, A 1965. **–57, 72:** 13.12.1911/247.

46 Die Erkenntnis der Seele und des Geistes, 10.10.1907–14.5.1908, GA 56, A 1965. **–57:** 28.11.1907/119.

47 Menschenwerden, Weltenseele und Weltengeist, I. Teil, 16.6.–17.7.1921, GA 205, A 1967. **–59:** 8.7.1921/151.

48 Über die Wege zur Erkenntnis der ewigen Kräfte der Menschenseele, 10.1.1916, erschienen in «Die Menschenschule», 36. Jahrg., 1962, Heft 6/7. **–63:** 155, **78:** 148 ff., **105:** 153.

49 Ergebnisse der Geistesforschung, 31.10.1912–10.4.1913, GA 62, A 1960. **–64:** 21.11.1912/122.

50 Das Geheimnis der Trinität, 23.7.–30.8.1922, GA 214, A 1970. **–65:** 20.8.1922/126, **117:** 29.7.1922/45.

51 Grundelemente der Esoterik, 26.9.–5.11.1905, GA 93a, A 1972. **–66:** 17.10.1905/148.

52 Aus dem mitteleuropäischen Geistesleben, 2.12.1915–15.4.1916, GA 65, A 1962. **–67:** 3.12.1915/72.

53 Der Mensch im Lichte von Okkultismus, Theosophie und Philosophie, 2.–12.6.1912, GA 137, A 1973. **–69:** 2.6.1912/18 ff.

54 Makrokosmos und Mikrokosmos, 21.–31.3.1910, GA 119, A 1962. **–72:** 28.3.1910/193, **76:** 28.3.1910/192, **85:** 23.3.1910/96, **100:** 24.3.1910/111, **111:** 28.3.1910/195.

55 Die Erkenntnis des geistigen Wesens des Menschen, 31.10.1922, erschienen in «Das Goetheanum», 1941, 20. Jahrg., No. 35–39. **–78:** 279.

56 Vom Menschenrätsel, 1916, GA 20, A 1957. **–81:** 156 ff.

57 Der Goetheanum-Gedanke inmitten der Kulturkrisis der Gegenwart, 1921–1925, GA 36, A 1961. **–81:** 336, **130:** 349–364.

58 Die Weltgeschichte in anthroposophischer Beleuchtung und als Grundlage der Erkenntnis des Menschengeistes, 24.12.1923–22.4.1924, GA 233, A 1962. **–86, 92:** 6.1.1924/194 ff., **96:** 11.1.1924/214, **96:** 5.1.1924/184 ff., **97:** 13.1.1924/239.

59 Das Johannes-Evangelium, 24.6.–7.7.1909, GA 112, A 1975. **–87:** 29.6.1909/109 ff.

60 Die Theosophie des Rosenkreuzers, 22.5.–6.6.1907, GA 99, A 1962. **–88:** 6.6.1907/151.

61 Das Johannes-Evangelium, 18.–31.5.1908, GA 103, A 1962. **–88:** 31.5.1908/206.

62 Das christliche Mysterium, 9.2.1906–17.3.1907, GA 97, A 1968. **–89:** 22.2.1907/218 ff., **89:** 19.9.1906/178, **91:** 16.2.1907/206, **93:** 30.11. und 11.12.1906, 16.2. und 22.2.1907.

63 Von Jesus zu Christus, 4.–14.10.1911, GA 131, A 1974. **–90:**

14.10.1911/213, **93**: 6.10.1911/65 ff., **97**: 6.10.1911/58, **98**: 6.10.1911/59, **99**: 6.10.1911/59.

64 Das esoterische Christentum und die geistige Führung der Menschheit, 17.9.1911–19.12.1912, GA 130, A 1977. **–91**: 18.12.1912/323, **96**: 28.9.1911/74.

65 Meditative Betrachtungen und Anleitungen zur Vertiefung der Heilkunst, 2.–9.1.1924, 21.–25.4.1924, GA 316, A 1967. **–98**: 22.4.1924/157, **106**: 6.1.1924/73.

66 Die Mysterien des Morgenlandes und des Christentums, 3.–6.2.1913, GA 144, A 1960. **–101**: 3.2.1913/14.

67 Christus und die menschliche Seele, 23.–30.5.1912, 12.–16.7.1914, GA 155, A 1960. **–101**: 13.7.1914/236.

68 Anthroposophische Leitsätze, 1924–1925, GA 26, A 1972. **107**: Leitsatz 8, **120**: Leitsatz 70, **146**: Briefe, Leitsätze 66–84.

69 Menschheitsentwickelung und Christus-Erkenntnis, 16.–29.6.1907, GA 100, A 1967. **–110**: 28.6.1907/168.

70 Die Ergänzung heutiger Wissenschaften durch Anthroposophie, 5.–14.11.1917, 8.–17.10.1918, GA 73, A 1973. **–117**: 5.11.1917/29 ff.

71 Geistige Hierarchien und ihre Widerspiegelung in der physischen Welt, 12.–22.4.1909, GA 110, A 1972. **–120, 130**: 13.4.1909/69, **132**.

72 Allgemeine Menschenkunde als Grundlage der Pädagogik, 21.8.–5.9.1919, GA 293, A 1972. **–120**.

73 Geisteswissenschaft und Medizin, 21.3.–9.4.1920, GA 312, A 1961. **–120**.

74 Entsprechungen zwischen Mikrokosmos und Makrokosmos, 9.4.–16.5.1920, GA 201, A 1958. **–120**.

75 Geisteswissenschaftliche Grundlagen zum Gedeihen der Landwirtschaft, 7.–16.6.1924, GA 327, A 1963. **–120**.

76 Was wollte das Goetheanum und was soll die Anthroposophie?, 9.4.1923–26.5.1924, GA 84, A 1961. **–127**: 9.4.1923/24 ff., **128**: 20.4.1923/102, **132**: 21.4.1923/132, **134**: 26.9.1923/230, **140**: 21.4.1923/123, 126, **142**: 22.4.1923/142, **143**: 26.9.1923/231.

77 Die Erkenntnis des geistigen Wesens der Welt, 3.11.1922, erschienen in «Das Goetheanum», 1941, 20. Jahrg., No. 40–48. **–129**: 358.

78 Menschliche und menschheitliche Entwicklungswahrheiten. Das Karma des Materialismus, 29.5.–25.9.1917, GA 176, A 1964. **–135**: 10.7.1917/145.

79 Menschenwesen, Menschenschicksal und Weltenentwickelung, 16.–21.5.1923, GA 226, A 1978. **–136**: 16.5.1923/14 ff., 20.

80 Die Mission einzelner Volksseelen, 7.–17.6.1910, GA 121, A 1962. **–140**: 11.6.1910/95.

81 Philosophie und Anthroposophie, 1.3.1921, erschienen in «Das Goetheanum», 1943, 22. Jahrg., No. 27–31. **–140**: 218.

82 Wahrspruchworte, 1906–1925, GA 40, A 1969. **–140**.

83 Menschenwerden, Weltenseele und Weltengeist, II. Teil, 22.7.–20.8.1921, GA 206, A 1967. **–141**: 14.8.1921/162.